プレNEO《ネオ》BOOKS

日《に》本《ほん》人《じん》のたしなみ

行事《ぎょうじ》 歳時記《さいじき》 自然《しぜん》

きせつのおり紙《かみ》

小学館

きせつのおり紙《がみ》

目《もく》次《じ》

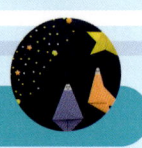

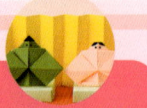

秋《あき》

冬《ふゆ》

この本《ほん》の見方《みかた》

「春《はる》」「夏《なつ》」「秋《あき》」「冬《ふゆ》」で分《わ》けています。

行事《ぎょうじ》の名前《なまえ》

おり方《かた》のむずかしさが星《ほし》の数《かず》でわかります。

★・・・・・・・・・・・・・・とてもかんたん

★★・・・・・・・・・・・・かんたん

★★★・・・・・・・・・・ふつう

★★★★・・・・・・・・少《すこ》しむずかしい

★★★★★・・・・・・むずかしい

おり紙《がみ》の名前《なまえ》

前《まえ》の順番《じゅんばん》の作《つく》り方《かた》でおったときより、写真《しゃしん》が大《おお》きくなるときにこのマークがあります。

秋《あき》
お月見《つきみ》
9月中旬《がつちゅうじゅん》から下旬《げじゅん》の満月《まんげつ》の夜《よる》。
秋《あき》のしゅうかくをかんしゃしてだんごなどをそなえます。
さんぼう
うさぎ
ふうせんうさぎ
ふうせんうさぎ
レベル
ふうせんおりの基本形《きほんけい》
1 おる
2 おる
3 ふくろをひらいてつぶす
ポイント ふくろにゆびを入《い》れてつぶす。
4 うらも3と同《おな》じにおる
かくだい
5 おる おる うらも同《おな》じにおる
6 おる おる
7 うちがわにおる うちがわにおる
ポイント 上《うえ》の1まいをもち上《あ》げ、おる。
★の三角《さんかく》のふくろの中《なか》におりこむ
8
9 うらがえす
10 おる おる
11 おってもどす おってもどす
12 ひらく ひらく
ポイント 上《うえ》からおすようにしてくせをつける。
13 口《くち》でくうきをいれてふくらます
14 目《め》とはなをつける
できあがり
38

よく使《つか》うパターンのおり方《かた》です。まずは6ページを見《み》てね。

むずかしいところは、おっているとちゅうの写真《しゃしん》を入《い》れてあります。

目玉《めだま》シールをはろう！目《め》の形《かたち》でひょうじょうがかわります。

きごうの見《み》方《かた》

おる

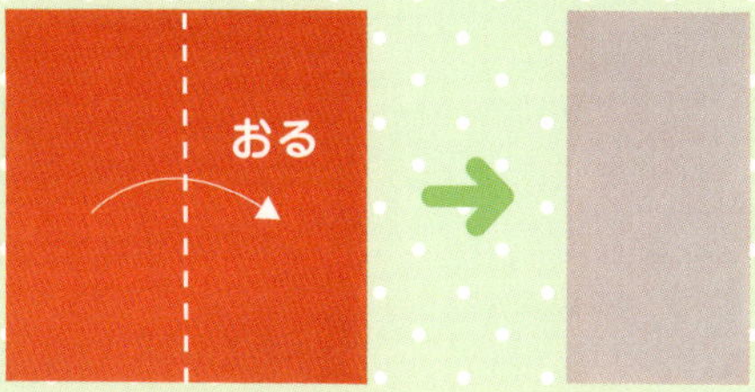

うらがえす

おってもどす

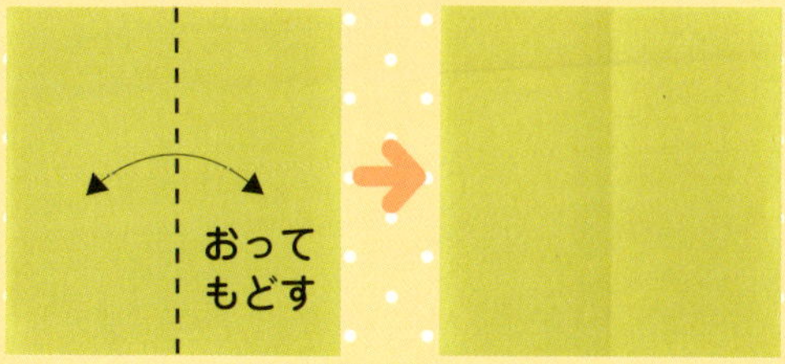

むきをかえる

うらにおる

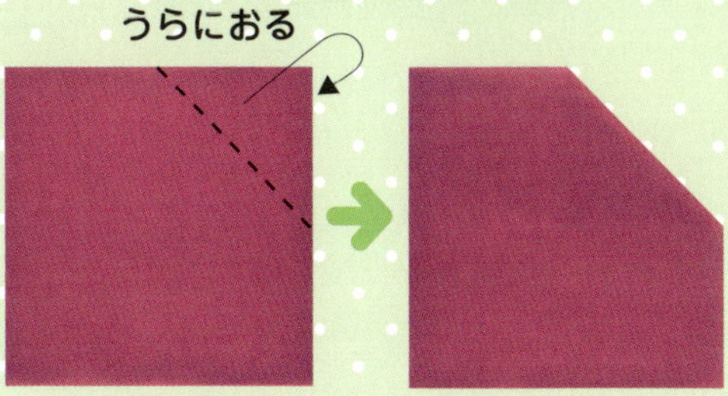

かぶせおり

ひらく

中《なか》わりおり

おぼえておこう!

3つの基本《きほん》のおり方《かた》

基本《きほん》 1 ざぶとんおり

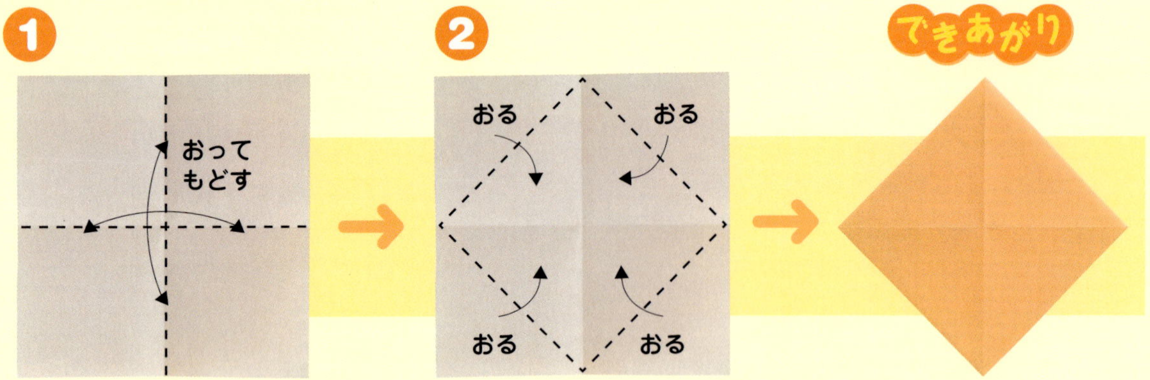
1
おってもどす
2
おる
おる
おる
おる
できあがり

基本《きほん》 2 ふうせんおり

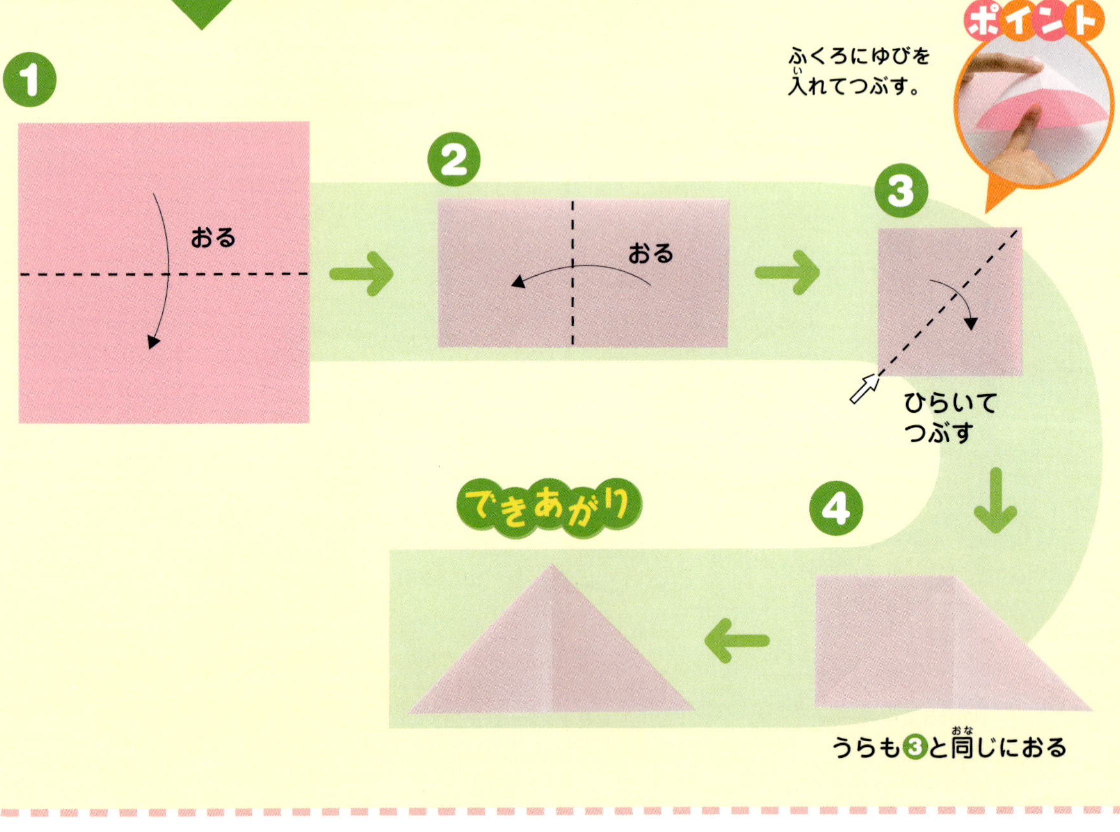
1
おる
2
おる
3
ひらいてつぶす
ポイント
ふくろにゆびを入《い》れてつぶす。
4
うらも3と同《おな》じにおる
できあがり

基本《きほん》 3 つるおり

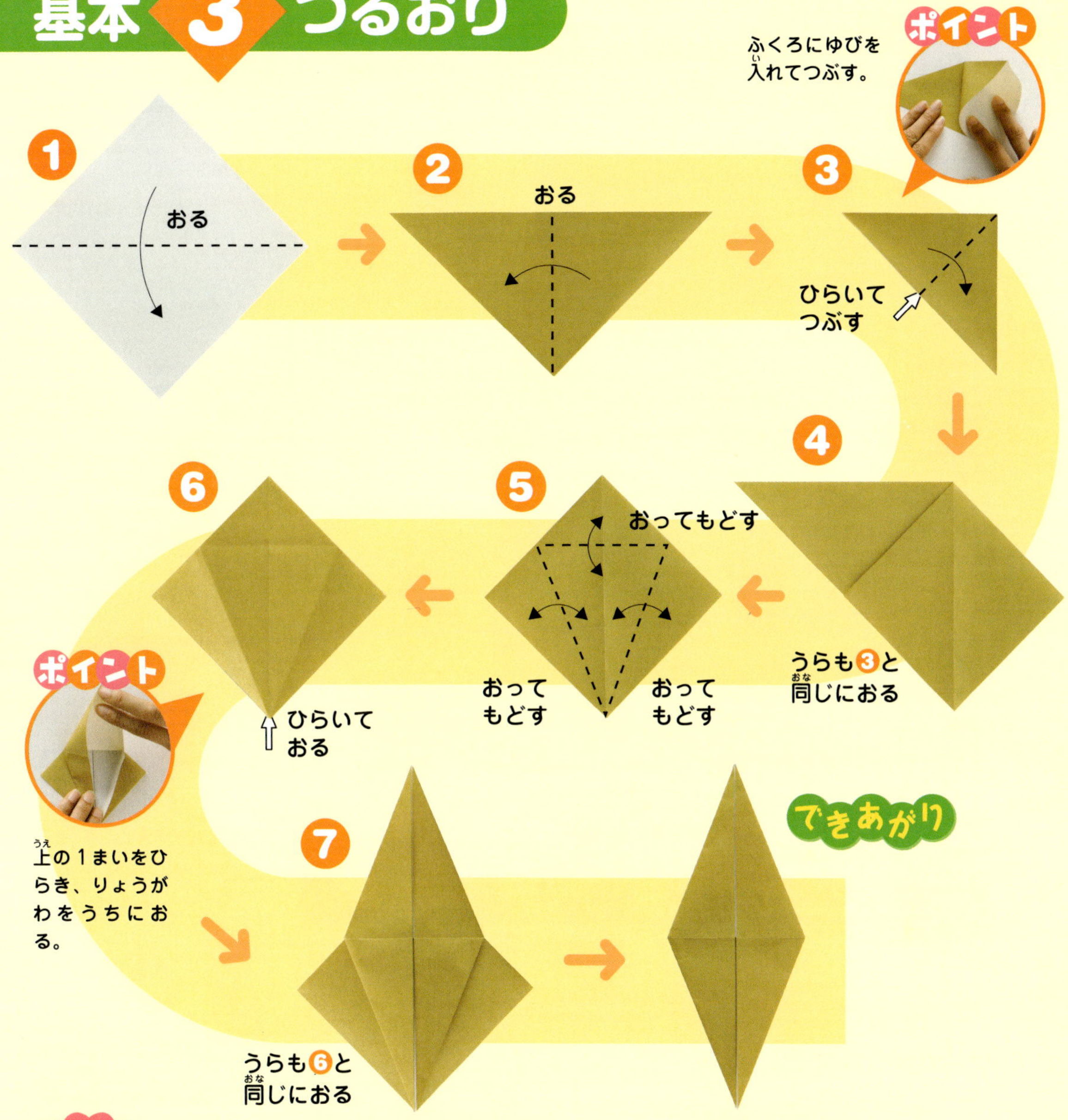

ポイント
ふくろにゆびを入《い》れてつぶす。
1
おる
2
おる
3
ひらいてつぶす
4
うらも③と同《おな》じにおる
5
おってもどす
おってもどす
おってもどす
6
ひらいておる
ポイント
上《うえ》の1まいをひらき、りょうがわをうちにおる。
7
うらも⑥と同《おな》じにおる
できあがり

上手《じょうず》なおり方《かた》

かどとかどをぴったりと合《あ》わせよう！

おうちの方へ

本書では、日本の行事を春夏秋冬に分けて紹介しながら、小さなお子さんでもおれるおり紙をセレクトして紹介しています。一緒におり紙を楽しみながら、お子さんの情操や季節感を育んでください。

春《はる》

ひなまつり

3月《さんがつ》3日《みっか》。女《おんな》の子《こ》の成長《せいちょう》をねがい、ひな人形《にんぎょう》やももの花《はな》をかざります。「桃《もも》の節句《せっく》」ともいいます。

びょうぶ
ぼんぼり 作《つく》り方《かた》は10ページ
おびな
めびな
たたみ
作《つく》り方《かた》は11ページ

びょうぶ

レベル ★☆☆☆☆

1
おってもどす
2
おる
3
おる
4
おる
5
うらにおってもどす
反対《はんたい》がわも
3、4と
同《おな》じにおる
6
ひらく
ひらく
7
うらがえす
できあがり

おびな

レベル ★★☆☆☆

めびな

レベル ★★☆☆☆

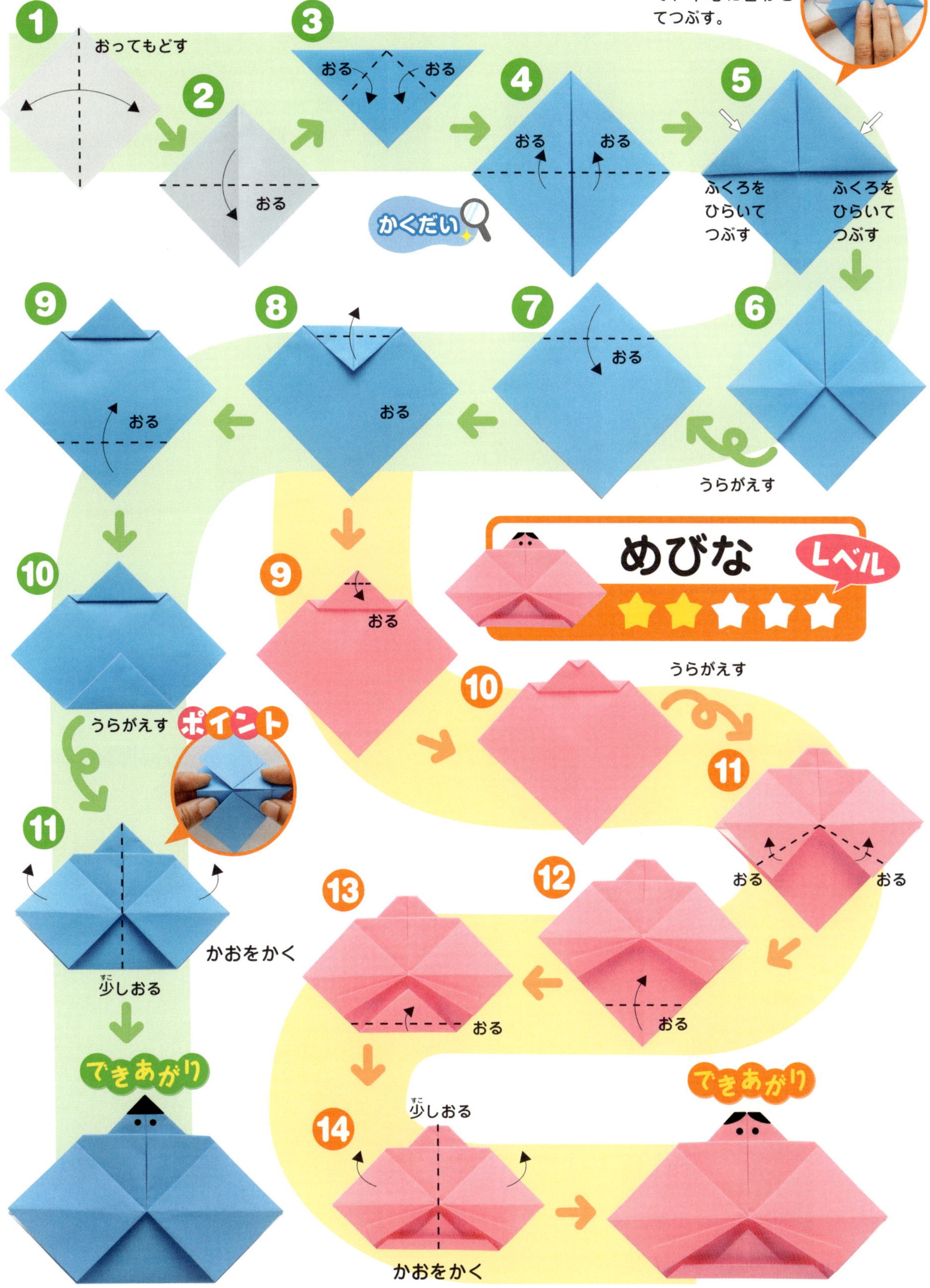

ポイント
ふくろにゆびを入《い》れて、中心《ちゅうしん》に合《あ》わせてつぶす。
1
おってもどす
2
おる
3
おる
おる
4
おる
おる
5
ふくろをひらいてつぶす
ふくろをひらいてつぶす
かくだい
6
うらがえす
7
おる
8
おる
9
おる
10
うらがえす
ポイント
11
かおをかく
少《すこ》しおる
できあがり
9
おる
10
うらがえす
11
おる
おる
12
おる
13
おる
14
少《すこ》しおる
かおをかく
できあがり

ぼんぼり

レベル ★★★★☆

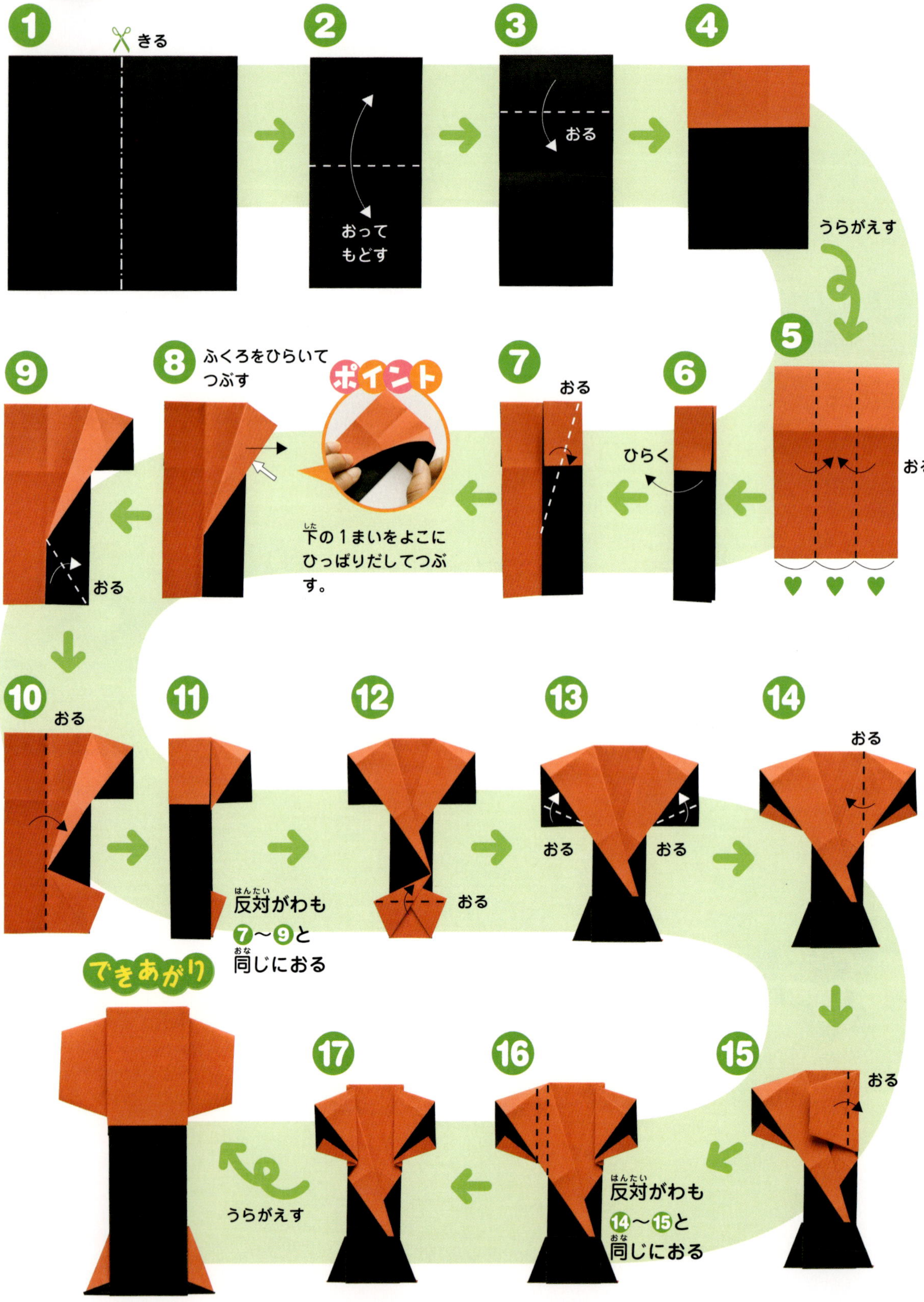

1
きる
2
おって
もどす
3
おる
4
うらがえす
5
おる
6
ひらく
7
おる
8
ふくろをひらいて
つぶす
ポイント
下《した》の１まいをよこに
ひっぱりだしてつぶ
す。
9
おる
10
おる
11
反対《はんたい》がわも
7〜9と
同《おな》じにおる
12
おる
13
おる
おる
14
おる
15
おる
反対《はんたい》がわも
14〜15と
同《おな》じにおる
16
17
うらがえす
できあがり

たたみ

レベル ★★★☆☆

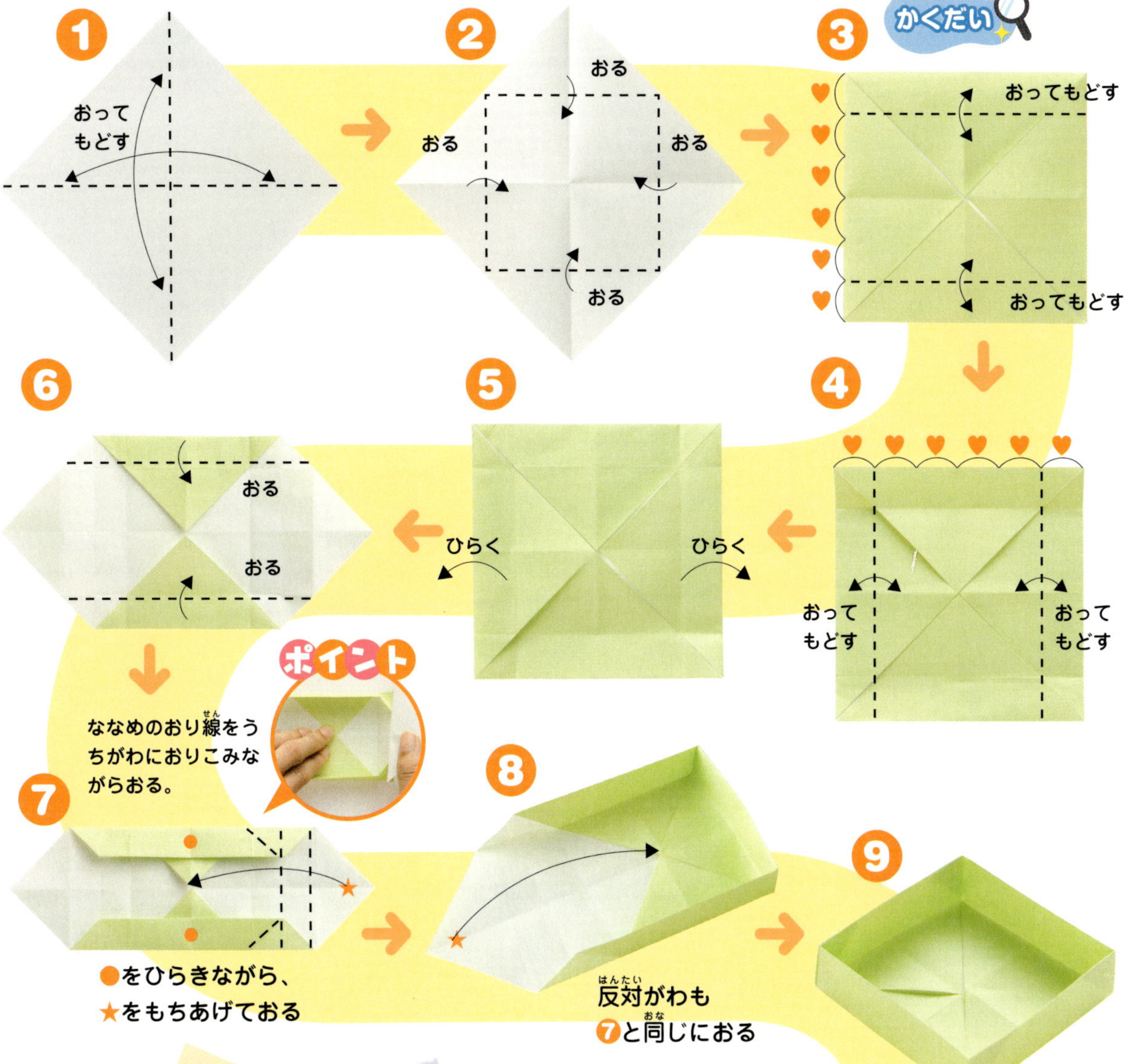

1
おって
もどす
2
おる
おる
おる
おる
3
かくだい
おってもどす
おってもどす
4
おって
もどす
おって
もどす
5
ひらく
ひらく
6
おる
おる
ななめのおり線《せん》をうちがわにおりこみながらおる。
ポイント
7
●をひらきながら、
★をもちあげておる
8
反対《はんたい》がわも
7と同《おな》じにおる
9

うらがえす
できあがり

はまぐりを食《た》べよう

ひなまつりのとき、ははまぐりのおすいものを食《た》べますが、なぜだかしっていますか？　はまぐりの対《つい》になっている2まいの貝《かい》は、けっしてほかのはまぐりと形《かたち》があいません。おとなになったとき、よいけっこんあいてとむすばれて仲良《なかよ》くすごせるようにと、しょうらいのしあわせをいのって食《た》べます。

入学式《にゅうがくしき》

4月《がつ》上旬《じょうじゅん》。入学《にゅうがく》をいわう式《しき》です。少《すこ》しおめかししてきねんの写真《しゃしん》をとります。

ジャケット
ワンピース
ズボン

ジャケット

レベル ★★★☆☆

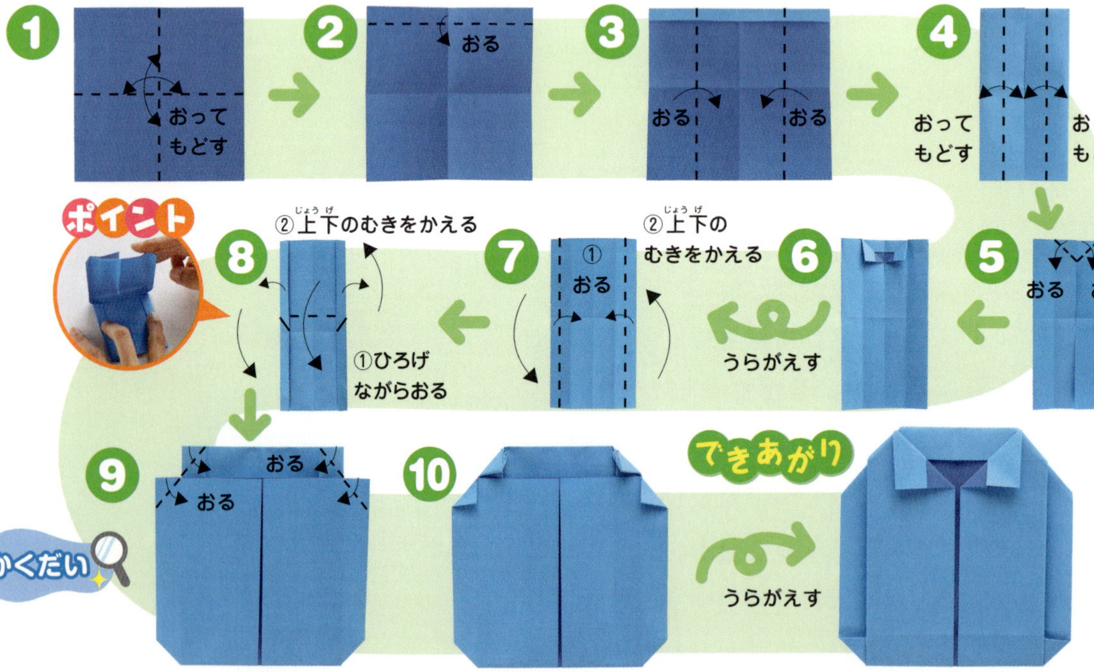

1
おって
もどす
2
おる
3
おる
おる
4
おって
もどす
おって
もどす
5
おる
おる
6
うらがえす
②上下《じょうげ》の
むきをかえる
7
①
おる
8
②上下《じょうげ》のむきをかえる
①ひろげ
ながらおる
ポイント
9
おる
おる
かくだい
10
うらがえす
できあがり

ズボン

レベル ★★☆☆☆

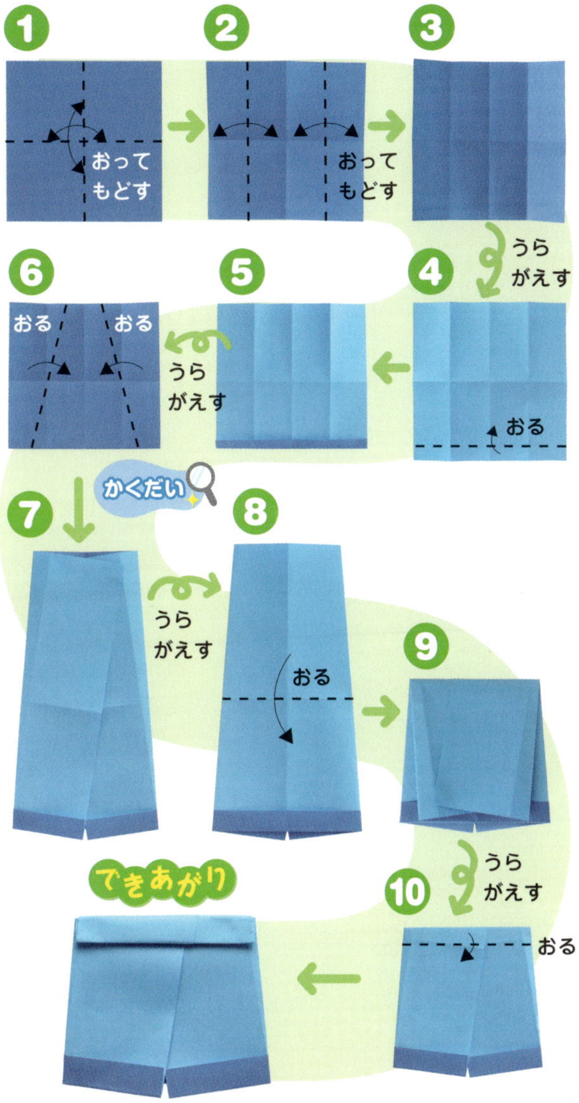
1
おって
もどす
2
おって
もどす
3
うら
がえす
4
おる
5
うら
がえす
6
おる
おる
かくだい
7
うら
がえす
8
おる
9
うら
がえす
10
おる
できあがり

ワンピース

レベル ★★☆☆☆

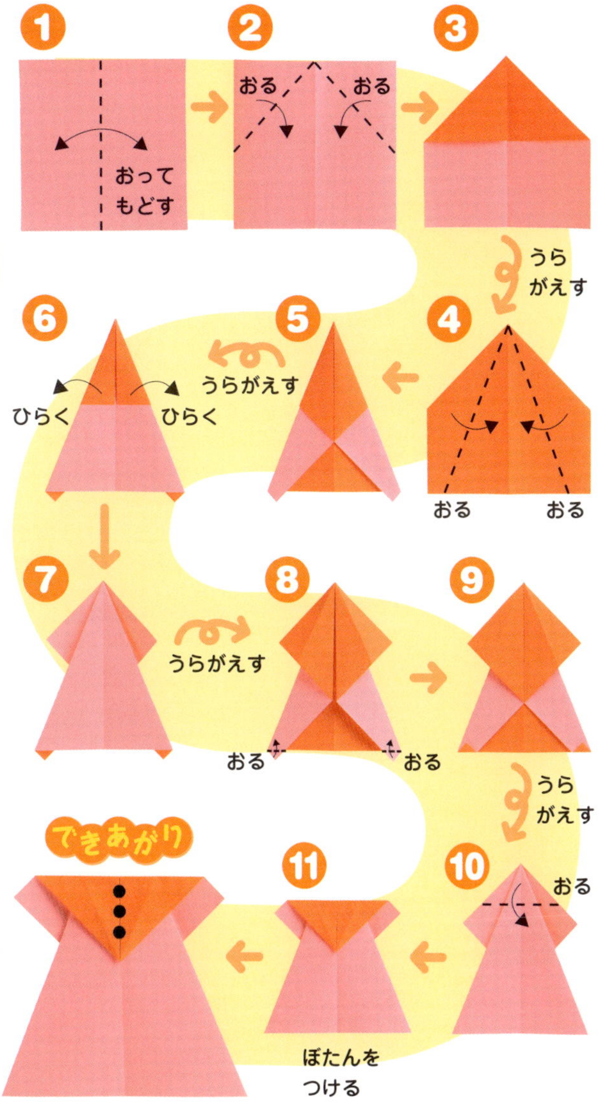
1
おって
もどす
2
おる
おる
3
うら
がえす
4
おる
おる
5
うらがえす
6
ひらく
ひらく
7
うらがえす
8
おる
おる
9
うら
がえす
10
おる
11
ぼたんを
つける
できあがり

えんぴつをおってみよう

1
おって
もどす
2
おる
3
ひらく
4
おる
5
うらがえす
6
おる
おる
7
おって
さしこむ
おって
さしこむ
ポイント
8
うらがえす
できあがり

花《はな》を作《つく》ろう

あたたかくなると、いろいろな花《はな》がさきます。どんな花《はな》をおろうかな？

チューリップ
たんぽぽ
かわいい花《はな》
葉《は》
葉《は》
葉《は》

チューリップ

レベル ★☆☆☆☆

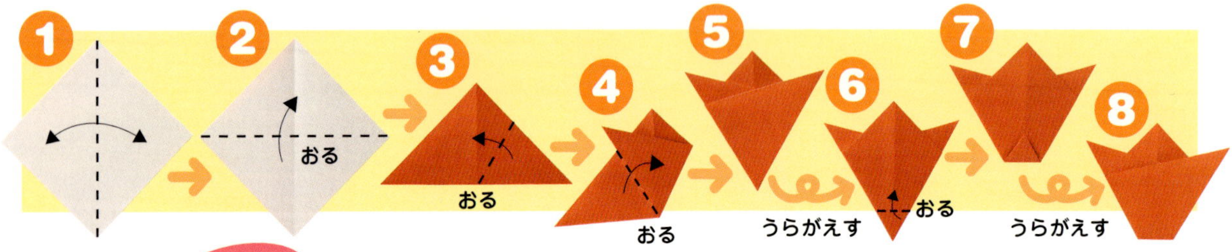

1
2
おる
3
おる
4
おる
5
6
うらがえす
おる
7
8
うらがえす

葉《は》

レベル ★☆☆☆☆

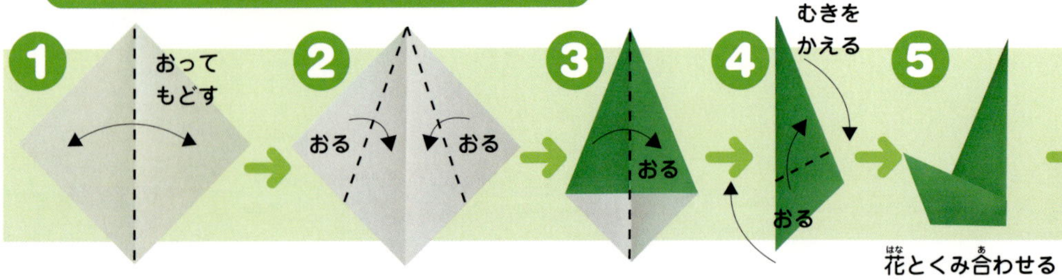

1
おって
もどす
2
おる
おる
3
おる
4
むきを
かえる
おる
5
花《はな》とくみ合《あ》わせる

できあがり

かわいい花《はな》

レベル ★☆☆☆☆

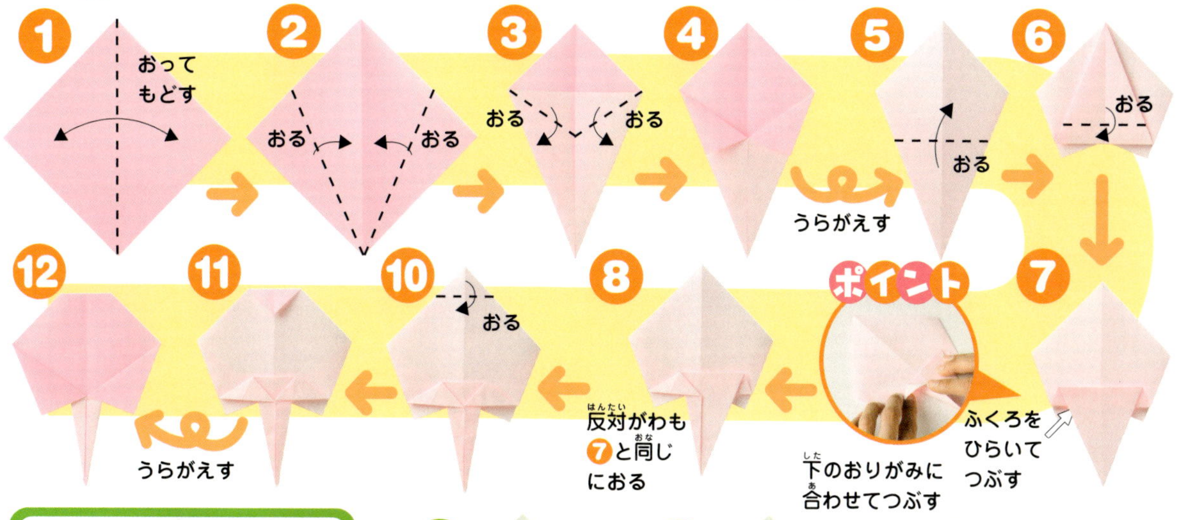

1
おって
もどす
2
おる
おる
3
おる
おる
4
うらがえす
5
おる
6
おる
7
ふくろを
ひらいて
つぶす
ポイント
下《した》のおりがみに
合《あ》わせてつぶす
8
反対《はんたい》がわも
7と同《おな》じ
におる
10
おる
11
うらがえす
12

葉《は》

レベル ★☆☆☆☆

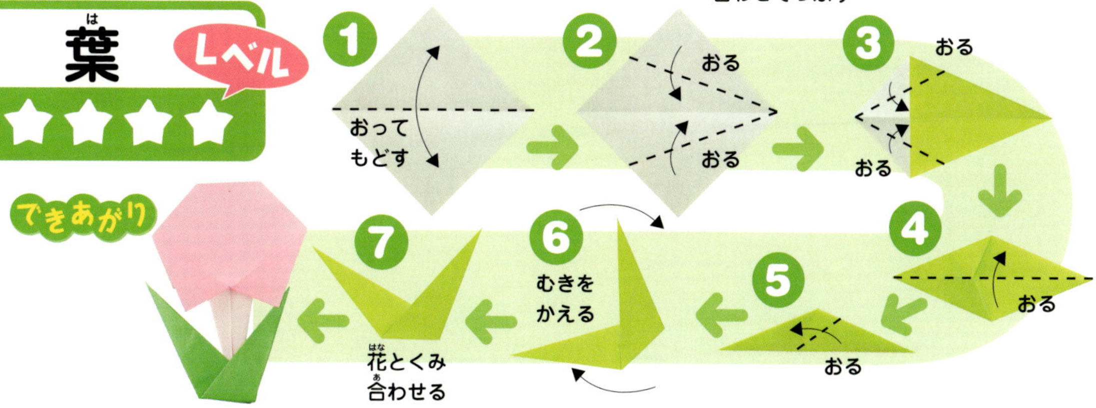

1
おって
もどす
2
おる
おる
3
おる
おる
4
おる
5
おる
6
むきを
かえる
7
花《はな》とくみ
合《あ》わせる
できあがり

たんぽぽ

レベル ★☆☆☆☆

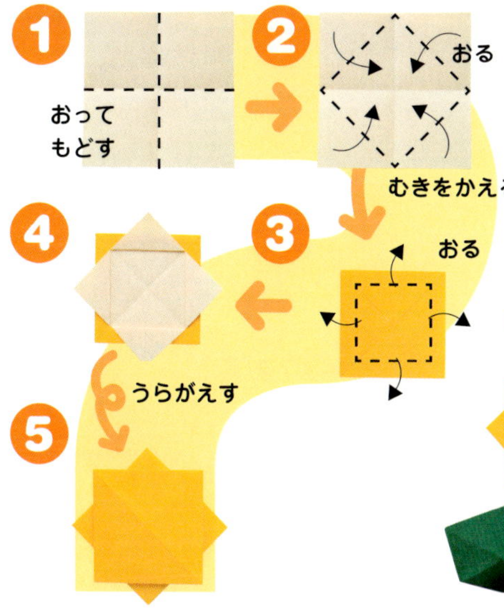

1
おって
もどす
2
おる
むきをかえる
3
おる
4
うらがえす
5

葉《は》

レベル ★☆☆☆☆

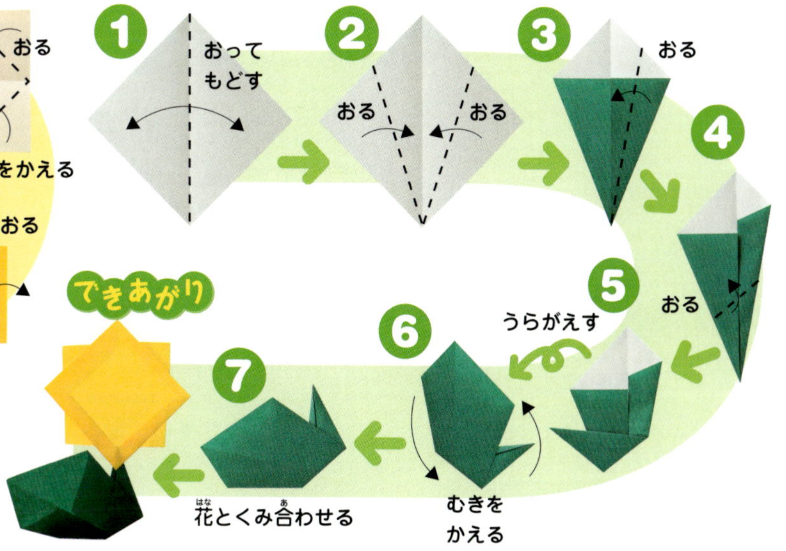

1
おって
もどす
2
おる
おる
3
おる
4
おる
5
うらがえす
6
むきを
かえる
7
花《はな》とくみ合《あ》わせる
できあがり

こどもの日《ひ》

5月5日《ごがついつか》。男《おとこ》の子《こ》の成長《せいちょう》をいわう行事《ぎょうじ》で、「端午《たんご》の節句《せっく》」ともいいます。

こいのぼり

かぶと、長《なが》かぶとの作《つく》り方《かた》は18ページ、
かたなの作《つく》り方《あた》は19ページにあります

長《なが》かぶと
作《つく》り方《かた》は18ページ

かぶと
作《つく》り方《かた》は18ページ

かたな
作《つく》り方《かた》は19ページ

こいのぼり

レベル ★★☆☆☆

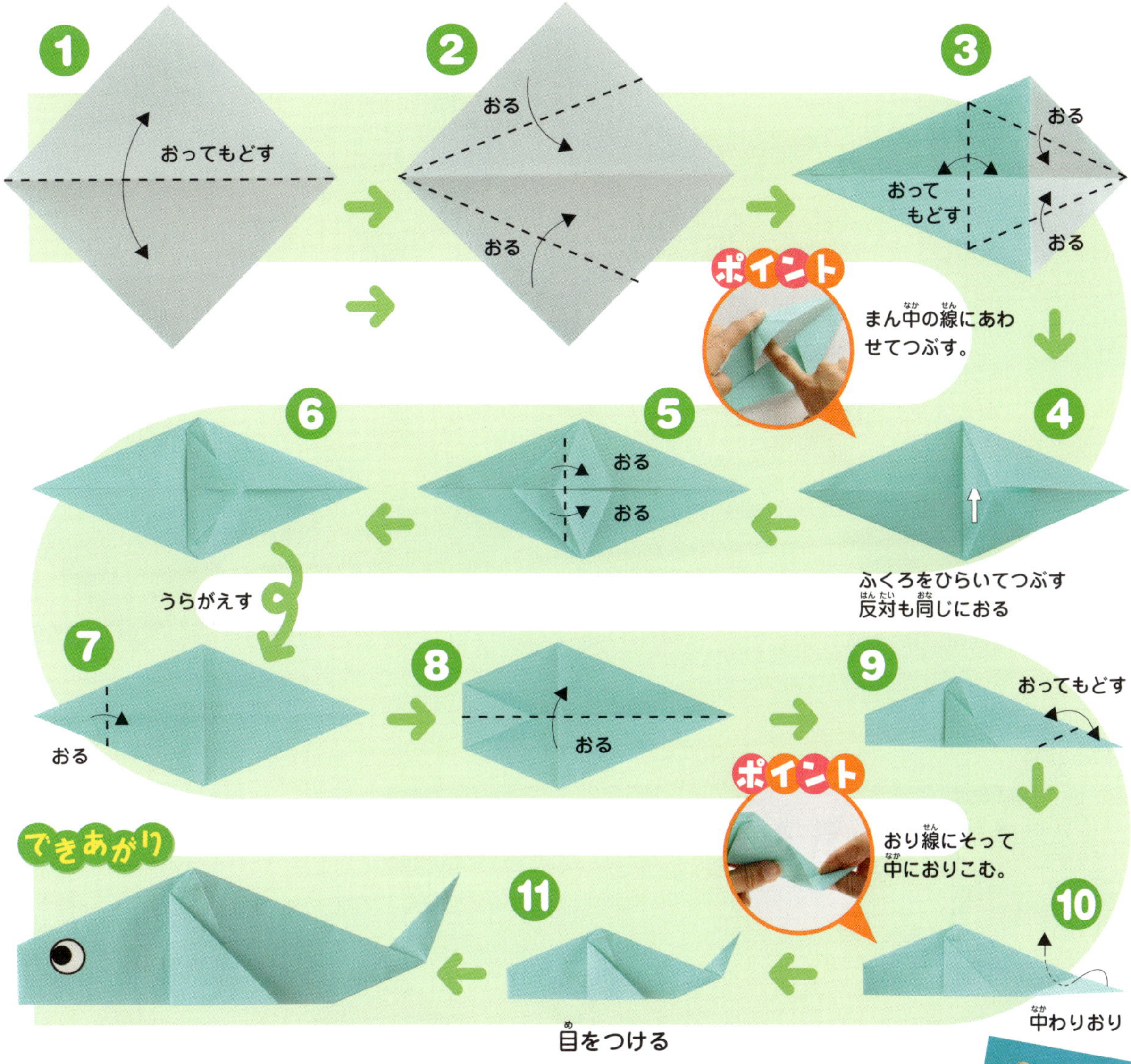
1
おってもどす
2
おる
おる
3
おる
おって
もどす
おる
ポイント
まん中《なか》の線《せん》にあわせてつぶす。
4
ふくろをひらいてつぶす
反対《はんたい》も同《おな》じにおる
5
おる
おる
6
うらがえす
7
おる
8
おる
9
おってもどす
ポイント
おり線《せん》にそって中《なか》におりこむ。
10
中《なか》わりおり
11
目《め》をつける
できあがり

ふきながしを作《つく》ってみよう

1
おる
2
おる
3
おる
4
おる
ひらく
5
6
おる
7
きる
8
ポイント
丸《まる》めておりかえした部《ぶ》分《ぶん》にはさみこみ、のりでつける
できあがり

かぶと

レベル ★★★☆☆

1
おる
2
おる
おる
かくだい
3
おる
おる
4
おる
おる
5
おる
6
おる
7
おって中《なか》に
さしこむ
ポイント
上《うえ》をもち上《あ》げ、ポケットになったところにおりこむ。
できあがり

長《なが》かぶと

レベル ★★★☆☆

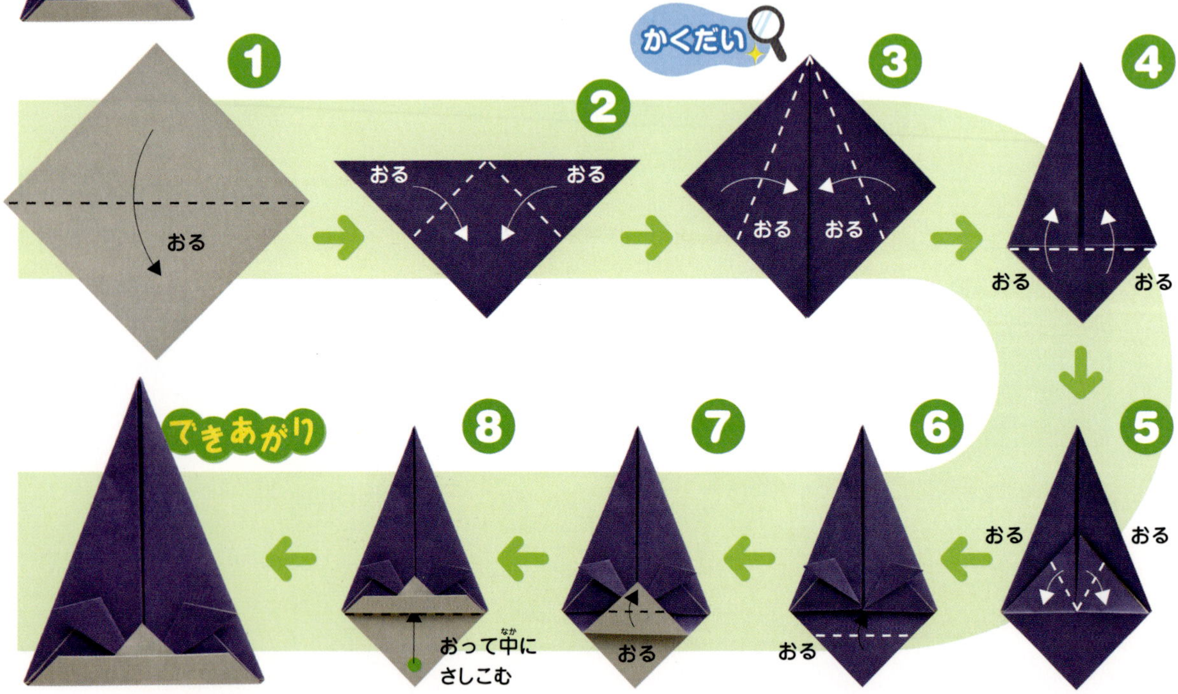

1
おる
2
おる
おる
かくだい
3
おる
おる
4
おる
おる
5
おる
おる
6
おる
7
おる
8
おって中《なか》に
さしこむ
できあがり

かたなの刃《は》

レベル ★★☆☆☆

1
4つにきる
2
うら がえす
3
おる
4
うら がえす
5
おって もどす
6
おる おる
7
おる おる
8
おる
★の上《うえ》の1まいをひらき、♥をさしこみながら半分《はんぶん》におる。
ポイント
9
おる
おって さしこむ
できあがり

かたなのつば

レベル ★★★☆☆

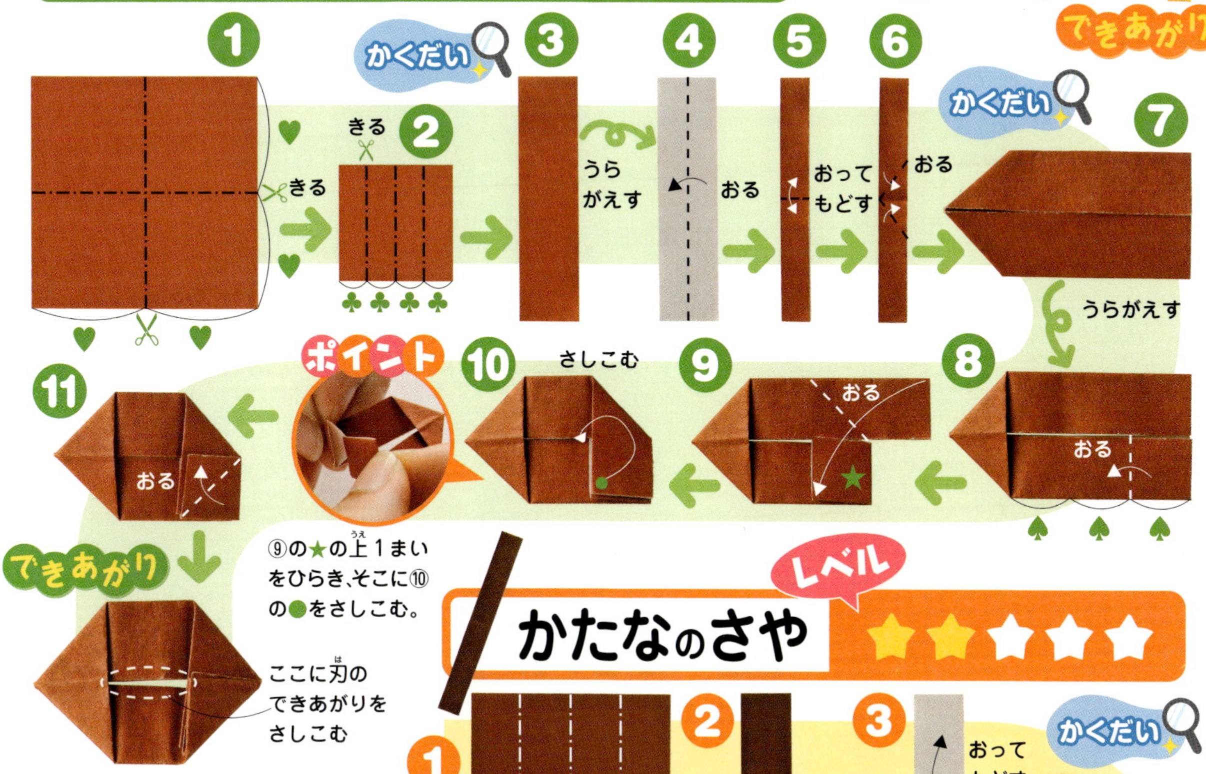
1
きる
きる
かくだい
2
3
うら がえす
4
おる
5
おって もどす
6
おる
かくだい
7
うらがえす
8
おる
9
おる
10
さしこむ
ポイント
11
おる
⑨の★の上《うえ》1まいをひらき、そこに⑩の●をさしこむ。
できあがり
ここに刃《は》のできあがりをさしこむ

かたなのさや

レベル ★★☆☆☆

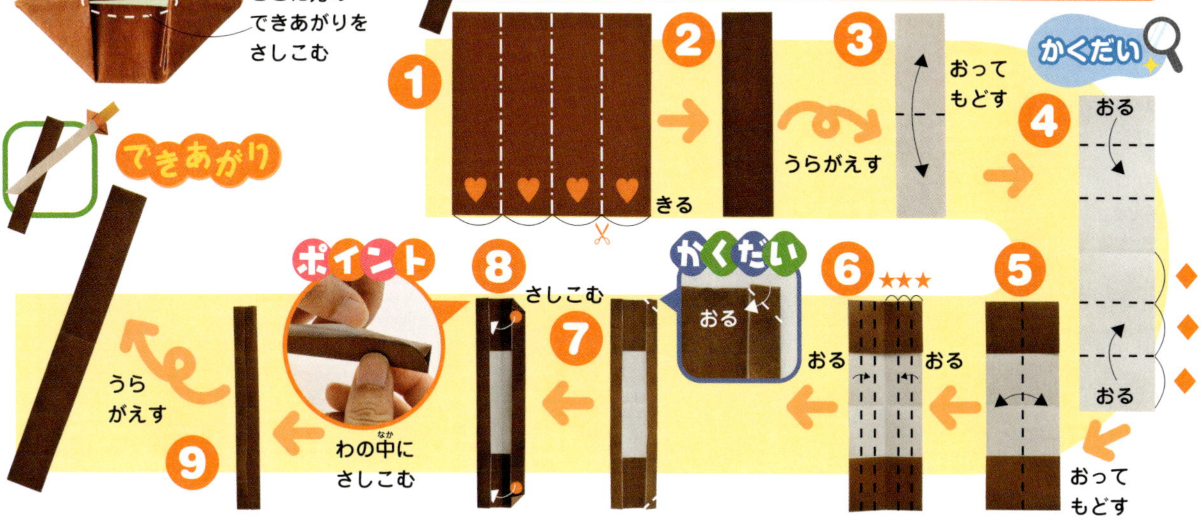
1
きる
2
うらがえす
3
おって もどす
かくだい
4
おる
おる
おって もどす
5
6
おる おる
かくだい
おる
7
8
さしこむ
ポイント
わの中《なか》に さしこむ
9
うら がえす
できあがり

母《はは》の日《ひ》と父《ちち》の日《ひ》におくろう

母《はは》の日《ひ》は5月《がつ》の第《だい》2日曜日《にちようび》。父《ちち》の日《ひ》は6月《がつ》の第《だい》3日曜日《にちようび》。かんしゃのきもちをおくります。

母《はは》の日《ひ》にキュートな

ハート

レベル ★☆☆☆☆

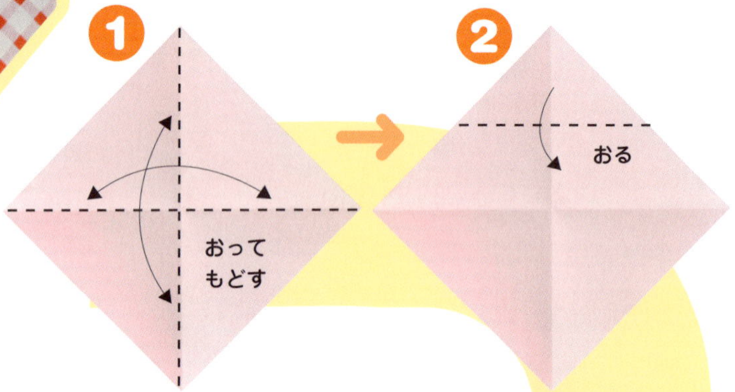

1
おって
もどす
2
おる

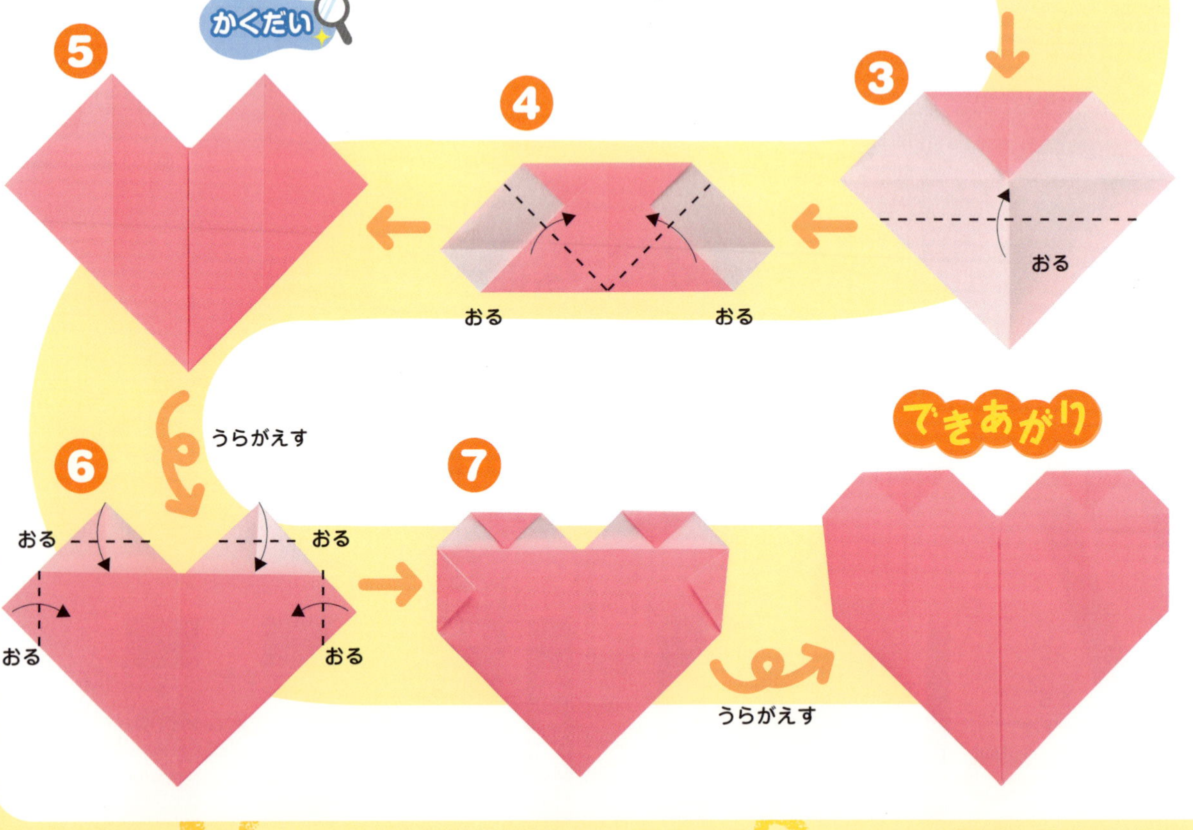

3
おる
4
おる
おる
5
かくだい
うらがえす
6
おる
おる
おる
おる
7
うらがえす
できあがり

父《ちち》の日《ひ》にかっこいい

ネクタイ

レベル ★★☆☆☆

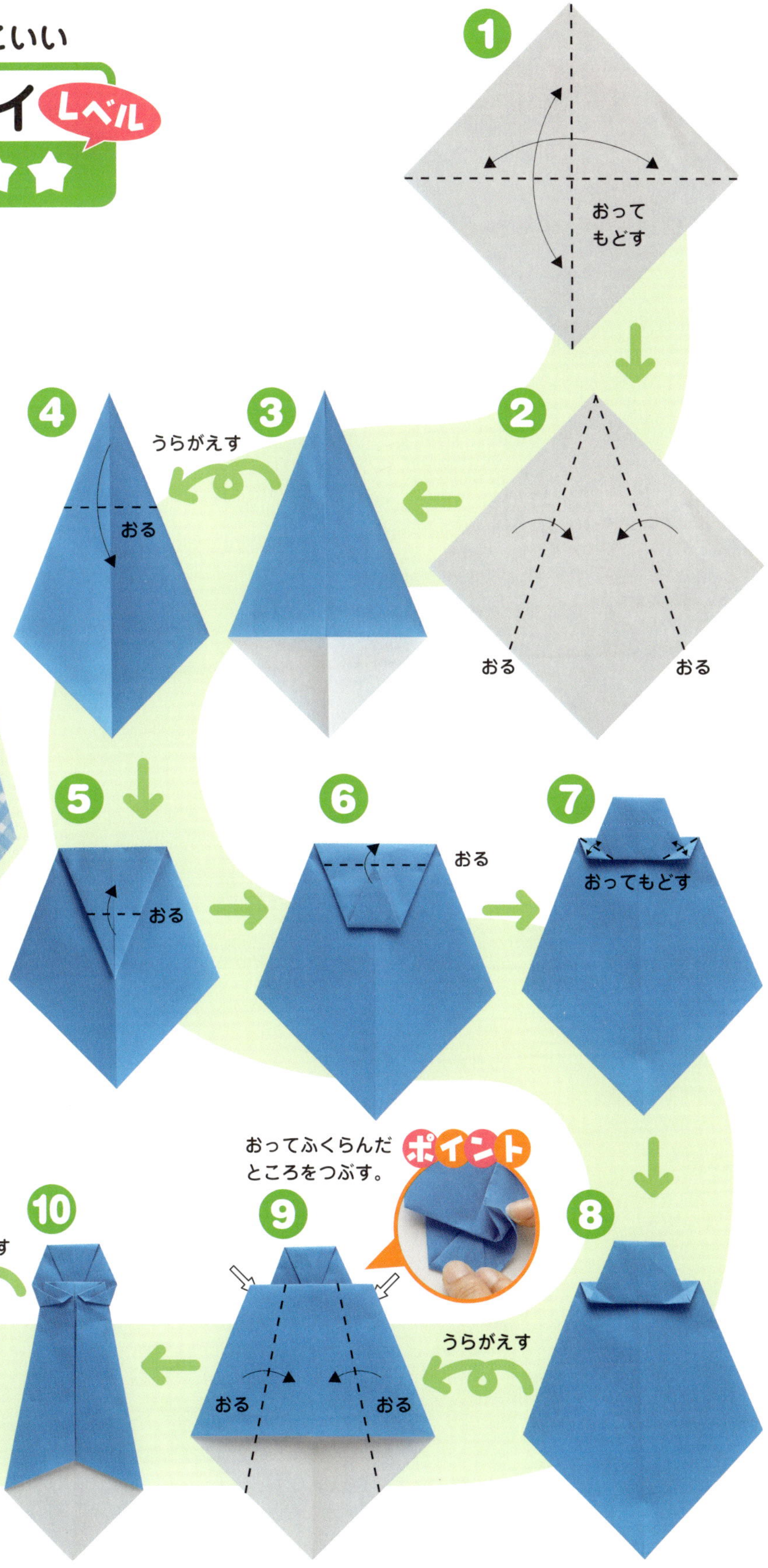
1
おって
もどす
2
おる
おる
3
うらがえす
4
おる
5
おる
6
おる
7
おってもどす
8
うらがえす
9
おってふくらんだ
ところをつぶす。
ポイント
おる
おる
10
うらがえす

できあがり

夏《なつ》

七《たな》夕《ばた》

7月《がつ》7日《か》。おりひめとひこぼしが1年《ねん》にこの日《ひ》だけ、天《あま》の川《がわ》で会《あ》えるとされています。

いちまいぼし
おりひめ
ひこぼし

おりひめ
レベル
1
おってもどす
2
おる
3
おる
4
5
うらがえす
おる
おる
うらがえす
5
おる
おる

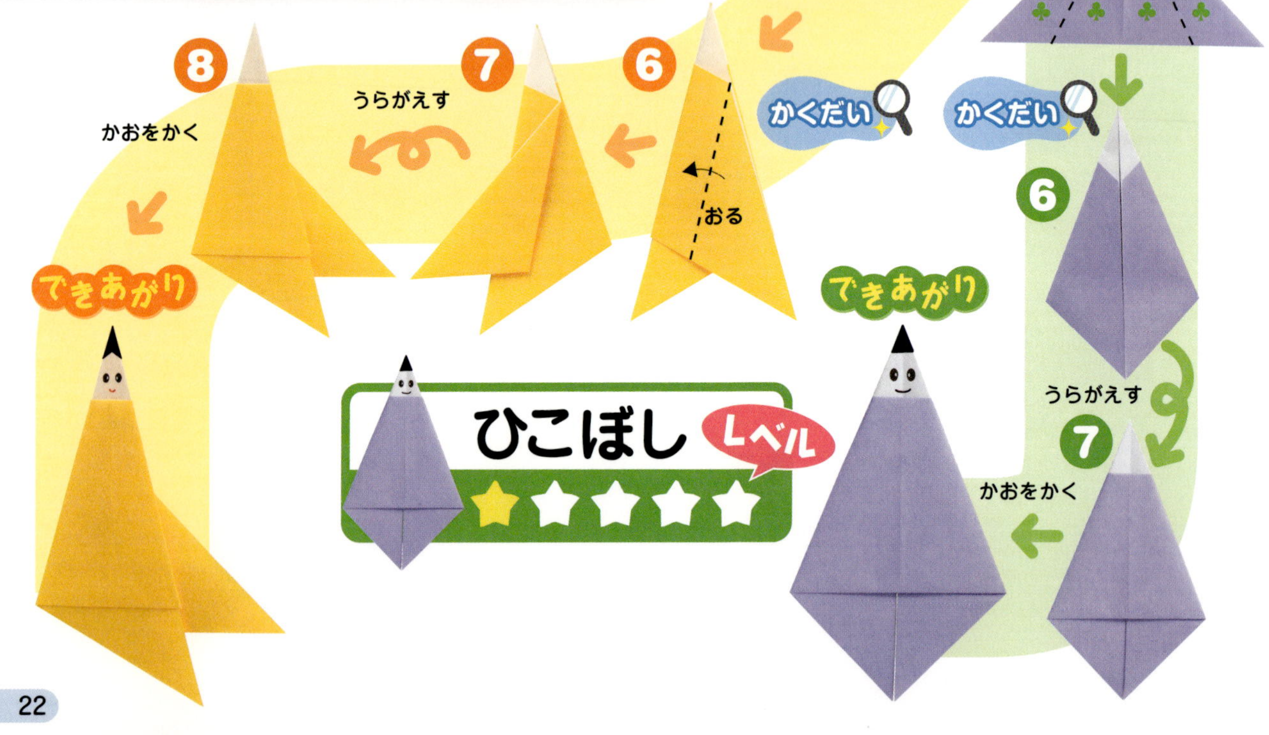
6
おる
かくだい
7
うらがえす
8
かおをかく
できあがり
ひこぼし
レベル
かくだい
6
うらがえす
7
かおをかく
できあがり

いちまいぼし

レベル ★★★☆☆

ポイント
●のおり線《せん》を
内《うち》におりこむ
ようにして、
おりたたむ。

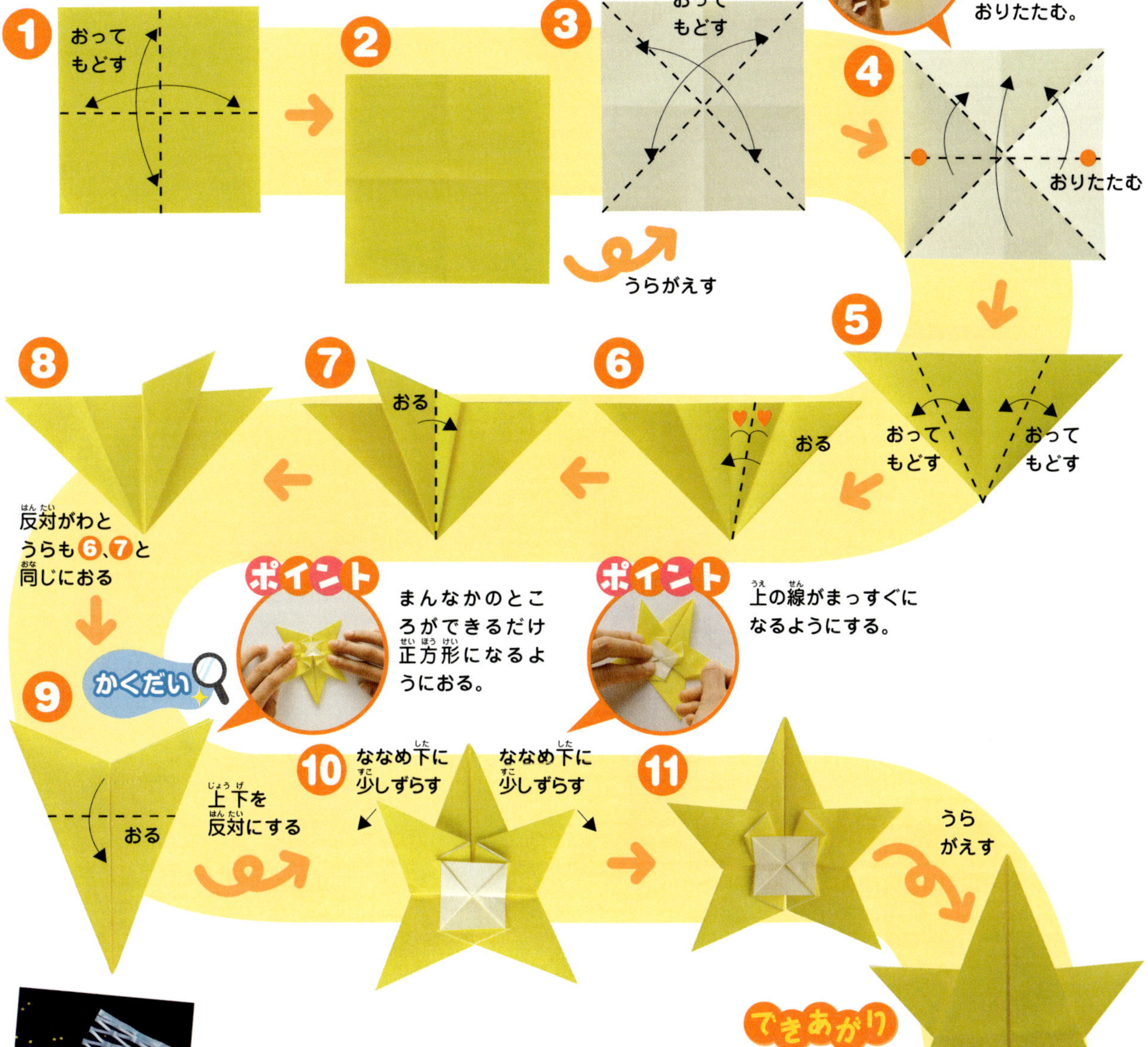
1
おって
もどす
2
3
おって
もどす
うらがえす
4
おりたたむ
5
おって
もどす
おって
もどす
6
おる
7
おる
8
反対《はんたい》がわと
うらも6、7と
同《おな》じにおる
9
かくだい
おる
上下《じょうげ》を
反対《はんたい》にする
ポイント
まんなかのとこ
ろができるだけ
正方形《せいほうけい》になるよ
うにおる。
ポイント
上《うえ》の線《せん》がまっすぐに
なるようにする。
10
ななめ下《した》に
少《すこ》しずらす
ななめ下《した》に
少《すこ》しずらす
11
うら
がえす
できあがり

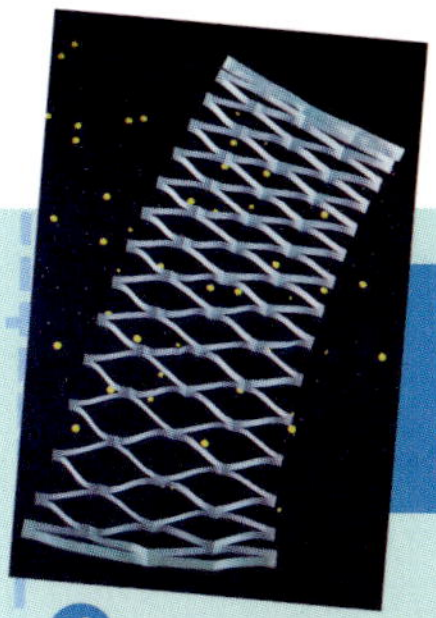

天《あま》の川《がわ》を作《つく》ってみよう！

おったおり紙《がみ》に交互《こうご》にはさみを入《い》れます。

できあがりを上下《じょうげ》にひっぱって完成《かんせい》です。

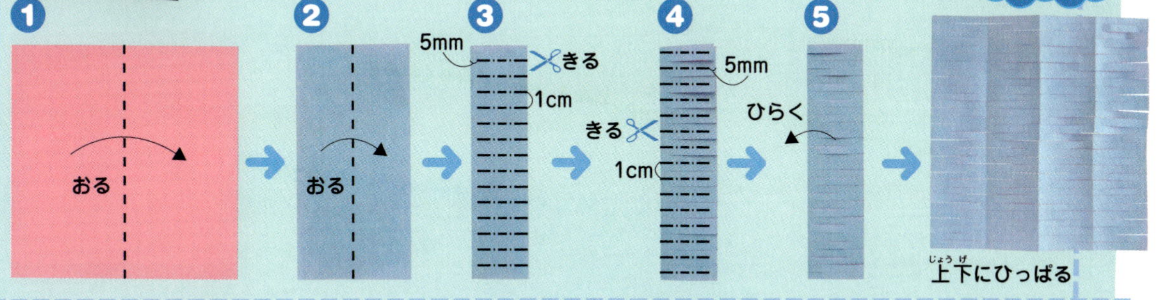
1
おる
2
おる
3
5mm
きる
1cm
4
5mm
きる
1cm
5
ひらく
できあがり
上下《じょうげ》にひっぱる

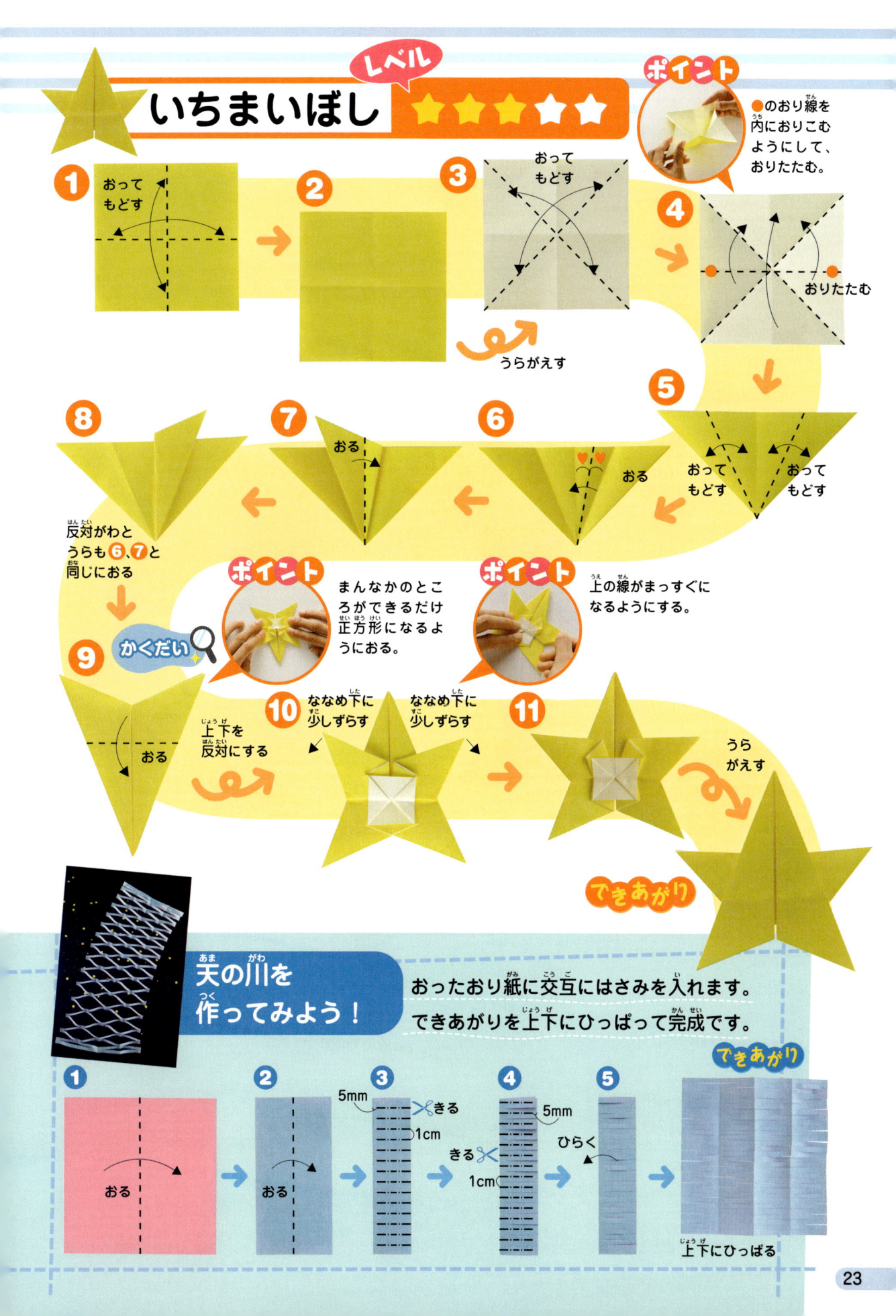

梅《つ》雨《ゆ》

6月《がつ》下《げ》旬《じゅん》～7月《がつ》。まい日《にち》のように雨《あめ》がふりつづけます。

あじさいの花《はな》
かたつむり
あじさいの葉《は》

あじさいの花《はな》

レベル ★★★☆☆

1
おって
もどす
2
3
おって
もどす
うらがえす
りょうがわをうちにおりこむようにしておる。
ポイント
4
おりながら
たたむ
5
おる
かくだい
反《はん》対《たい》がわと
うらも5と
同《おな》じにおる。
6
7
おってもどす
8
ひらいて
つぶす
ポイント
おり線《せん》より下《した》のところ
をおさえてひらく。
できあがり

あじさいの葉《は》

レベル ★☆☆☆☆

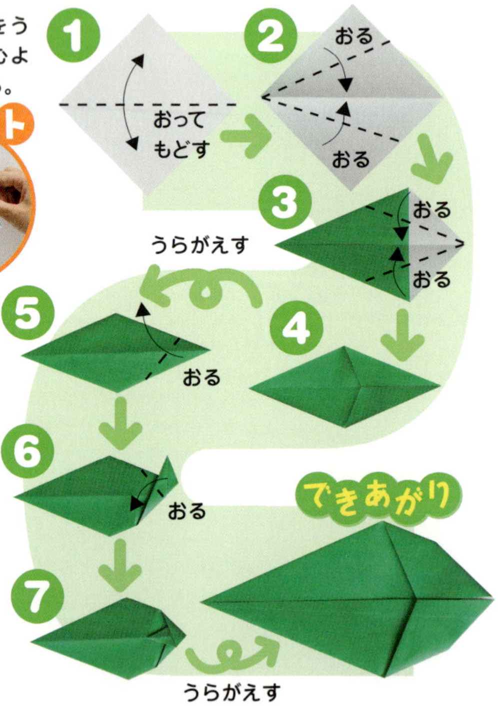

1
おって
もどす
2
おる
おる
3
おる
おる
うらがえす
4
5
おる
6
おる
7
うらがえす
できあがり

かたつむり

レベル ★★★★☆

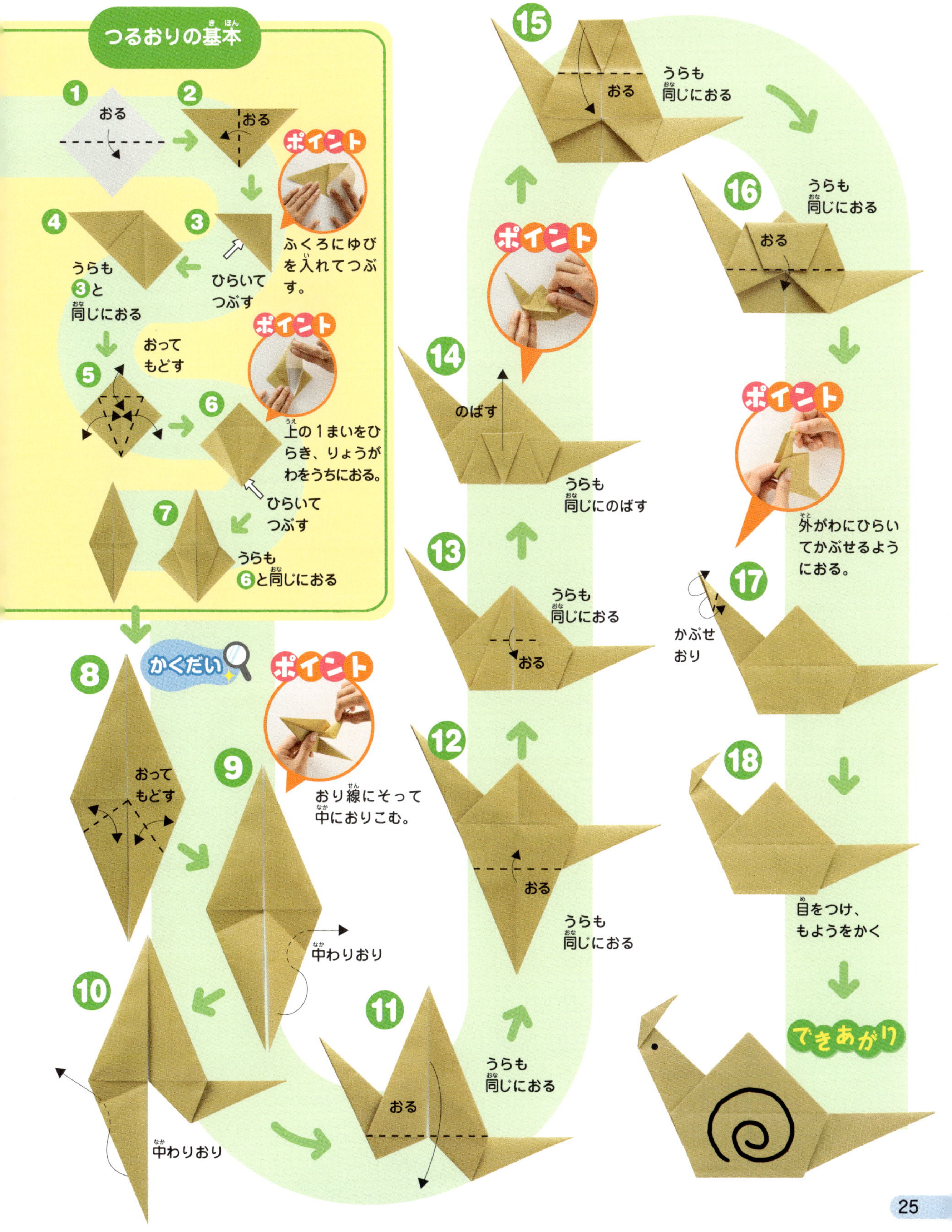
つるおりの基本《きほん》
1
おる
2
おる
ポイント
ふくろにゆびを入《い》れてつぶす。
3
ひらいてつぶす
4
うらも3と同《おな》じにおる
5
おってもどす
ポイント
上《うえ》の1まいをひらき、りょうがわをうちにおる。
6
ひらいてつぶす
7
うらも6と同《おな》じにおる
8
かくだい
おってもどす
ポイント
おり線《せん》にそって中《なか》におりこむ。
9
中《なか》わりおり
10
中《なか》わりおり
11
おる
うらも同《おな》じにおる
12
おる
うらも同《おな》じにおる
13
おる
うらも同《おな》じにおる
14
のばす
うらも同《おな》じにのばす
ポイント
15
おる
うらも同《おな》じにおる
16
おる
うらも同《おな》じにおる
ポイント
外《そと》がわにひらいてかぶせるようにおる。
17
かぶせおり
18
目《め》をつけ、もようをかく
できあがり

夏《なつ》の海《うみ》

夏《なつ》の海《うみ》ではなにが見《み》えるかな？
空《そら》や海《うみ》の上《うえ》、海《うみ》の中《なか》で見《み》つけたものをおってみましょう。

かもめ
作《つく》り方《かた》は29ページ
くも
作《つく》り方《かた》は30ページ
たいよう
作《つく》り方《かた》は30ページ
かに
作《つく》り方《かた》は28ページに
ヨット
作《つく》り方《かた》は29ページ
さかな
ちょうちょううお
エンゼルフィッシュ

エンゼルフィッシュ

レベル ★★☆☆☆

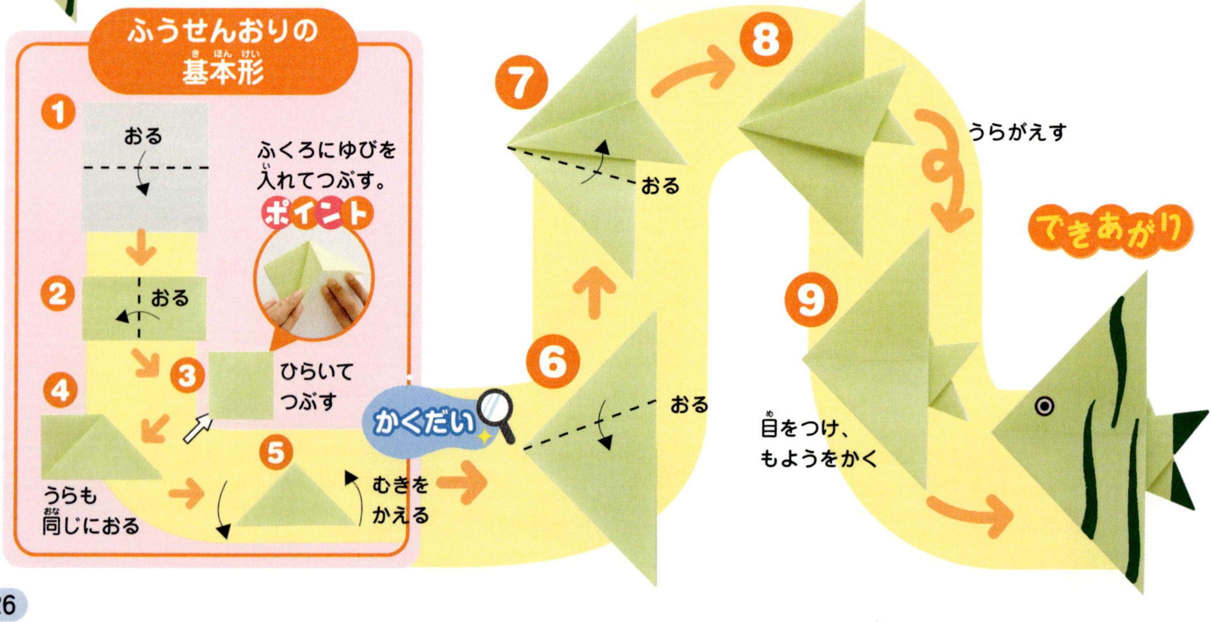
ふうせんおりの基本形《きほんけい》
1
おる
2
おる
3
ひらいてつぶす
ふくろにゆびを入《い》れてつぶす。
ポイント
4
うらも同《おな》じにおる
5
むきをかえる
かくだい
6
おる
7
おる
8
うらがえす
9
目《め》をつけ、もようをかく
できあがり

ちょうちょううお

レベル

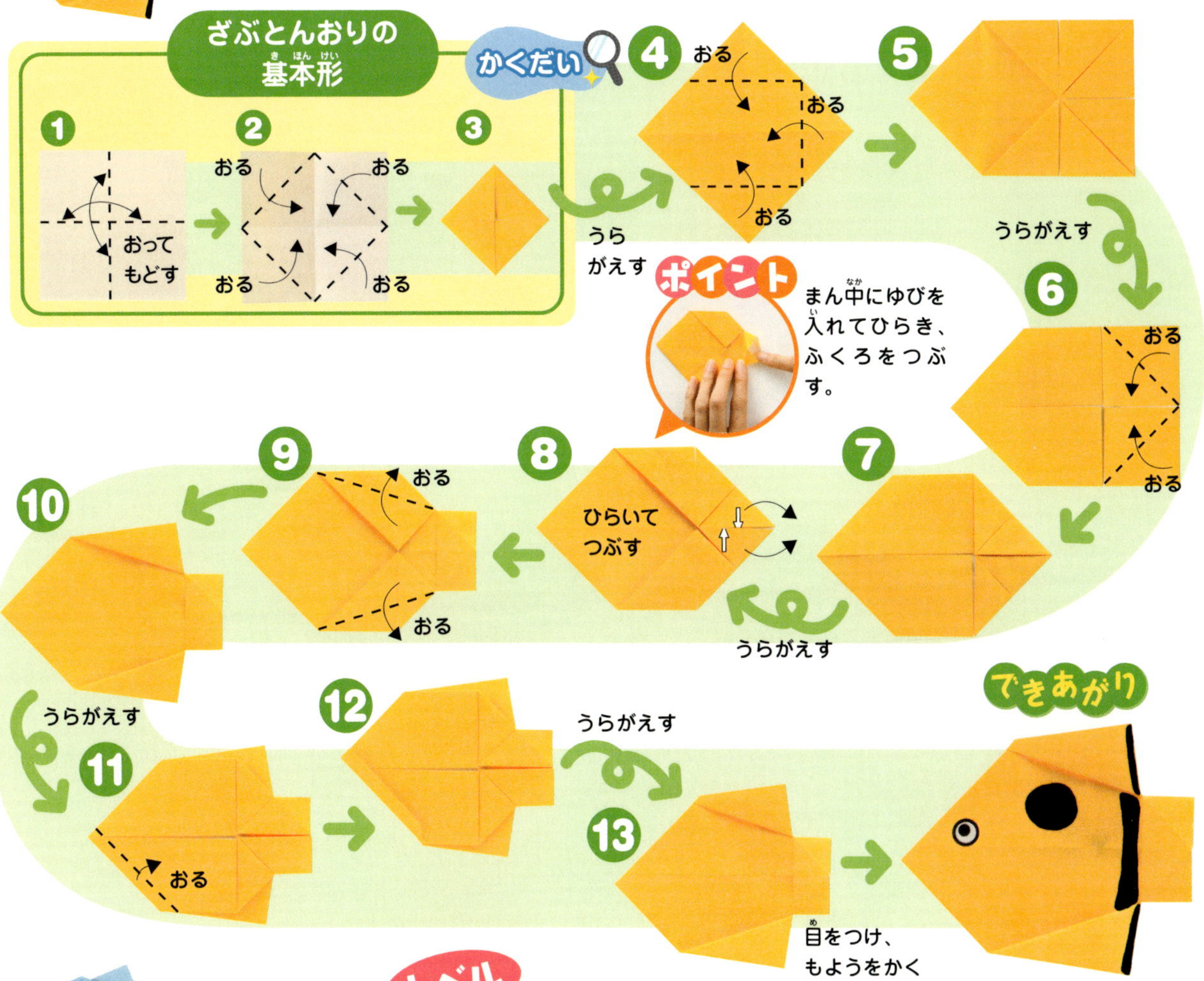

ざぶとんおりの
基本形《きほんけい》
1
2
3
おって
もどす
おる
おる
おる
おる
かくだい
4
おる
おる
おる
うら
がえす
5
うらがえす
6
おる
おる
ポイント
まん中《なか》にゆびを
入《い》れてひらき、
ふくろをつぶす。
7
うらがえす
8
ひらいて
つぶす
9
おる
おる
10
うらがえす
11
おる
12
うらがえす
13
目《め》をつけ、
もようをかく
できあがり

さかな

レベル

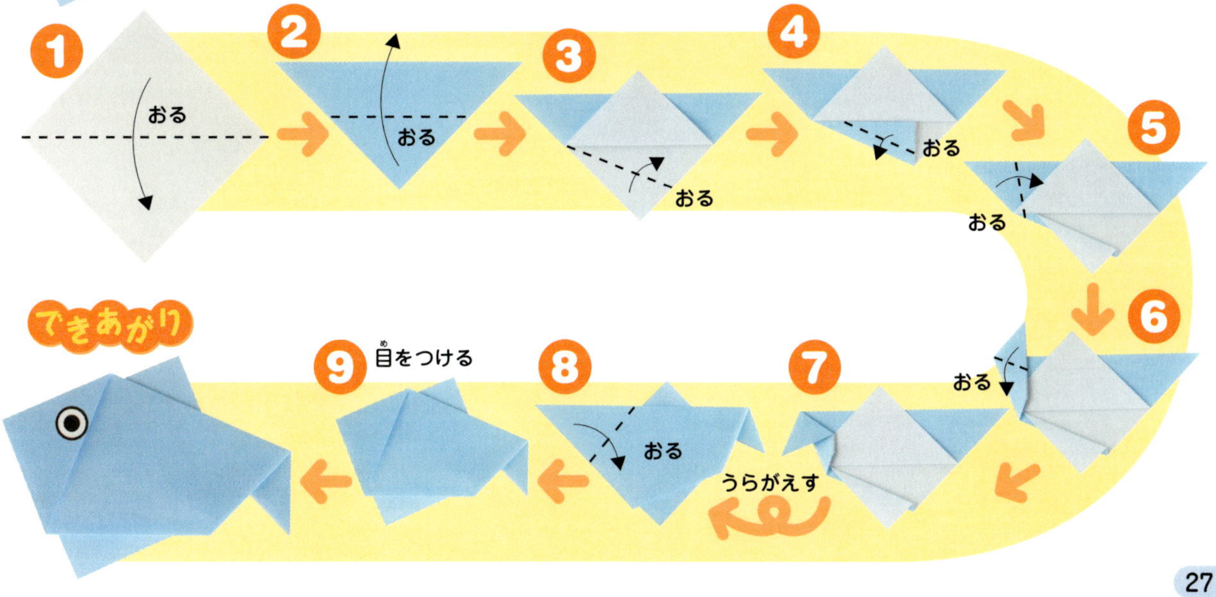

1
おる
2
おる
3
おる
4
おる
5
おる
6
おる
7
うらがえす
8
おる
9
目《め》をつける
できあがり

かに

レベル ★★☆☆☆

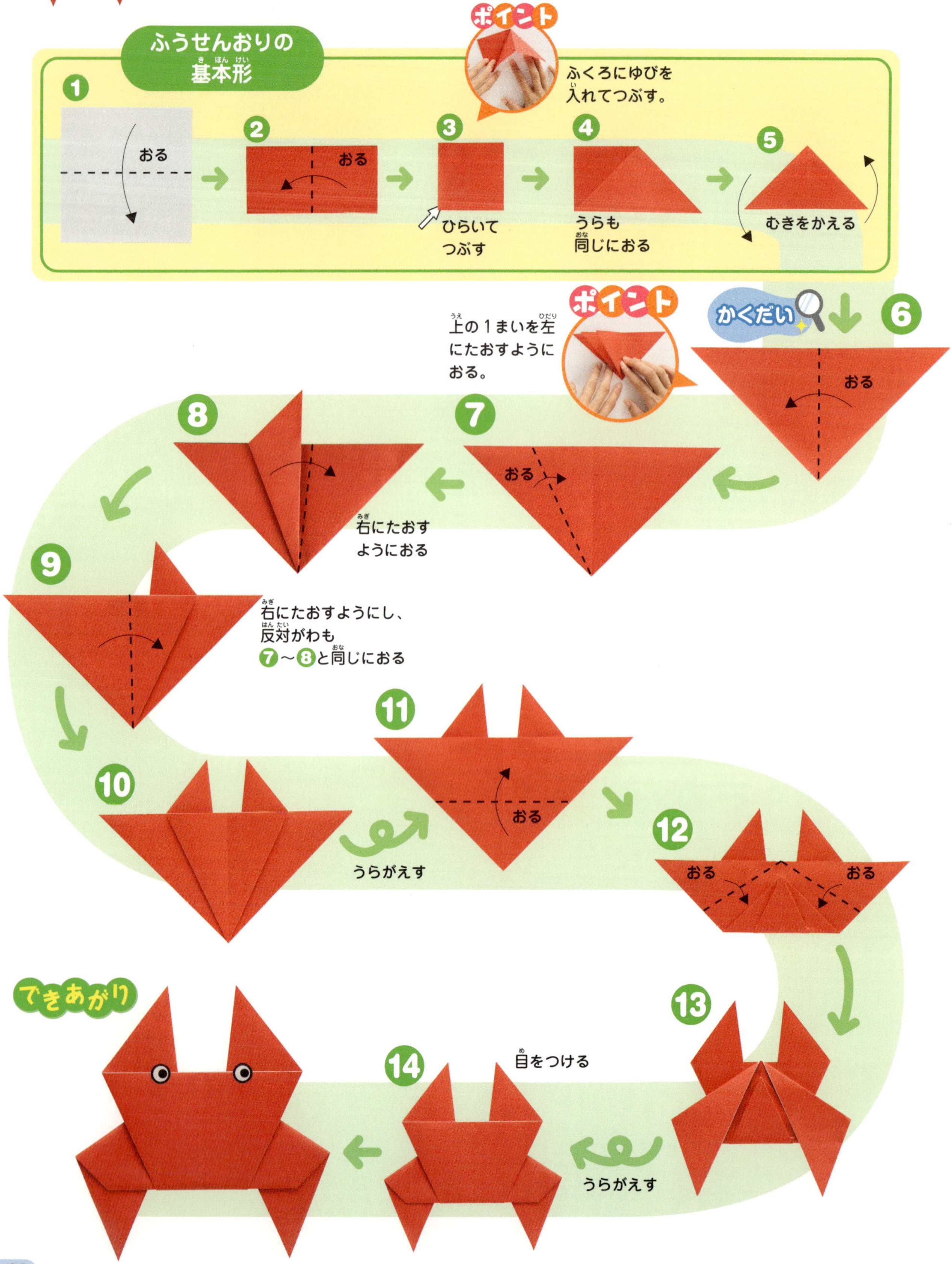
ふうせんおりの
基《き》本《ほん》形《けい》
1
おる
2
おる
3
ひらいて
つぶす
ポイント
ふくろにゆびを
入《い》れてつぶす。
4
うらも
同《おな》じにおる
5
むきをかえる
かくだい
6
おる
ポイント
上《うえ》の1まいを左《ひだり》
にたおすように
おる。
7
おる
8
右《みぎ》にたおす
ようにおる
9
右《みぎ》にたおすようにし、
反《はん》対《たい》がわも
7～8と同《おな》じにおる
10
うらがえす
11
おる
12
おる
おる
13
うらがえす
14
目《め》をつける
できあがり

かもめ

レベル ★★☆☆☆

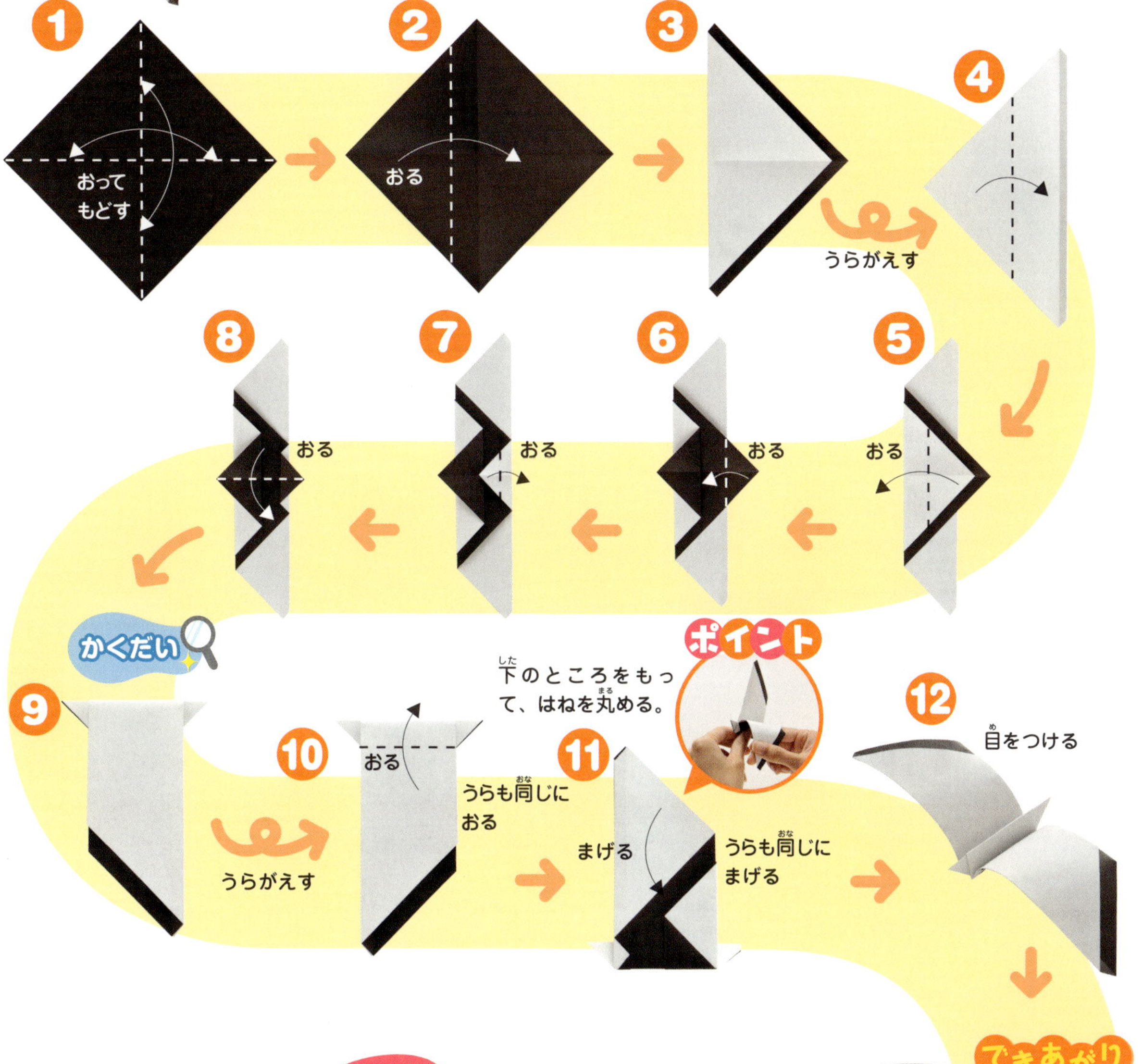

1
おってもどす
2
おる
3
うらがえす
4
5
おる
6
おる
7
おる
8
おる
かくだい
9
うらがえす
10
おる
うらも同《おな》じにおる
ポイント
下《した》のところをもって、はねを丸《まる》める。
11
まげる
うらも同《おな》じにまげる
12
目《め》をつける
できあがり

ヨット

レベル ★☆☆☆☆

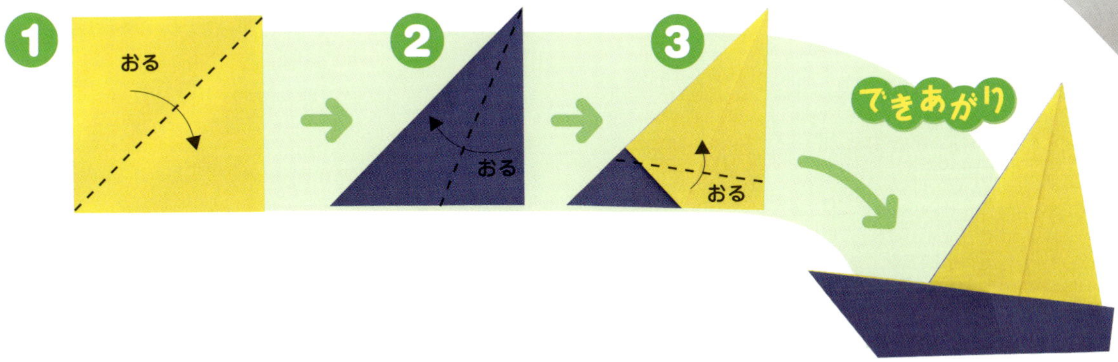

1
おる
2
おる
3
おる
できあがり

たいよう

レベル ★☆☆☆☆

ざぶとんのおり 基《き》本《ほん》形《けい》

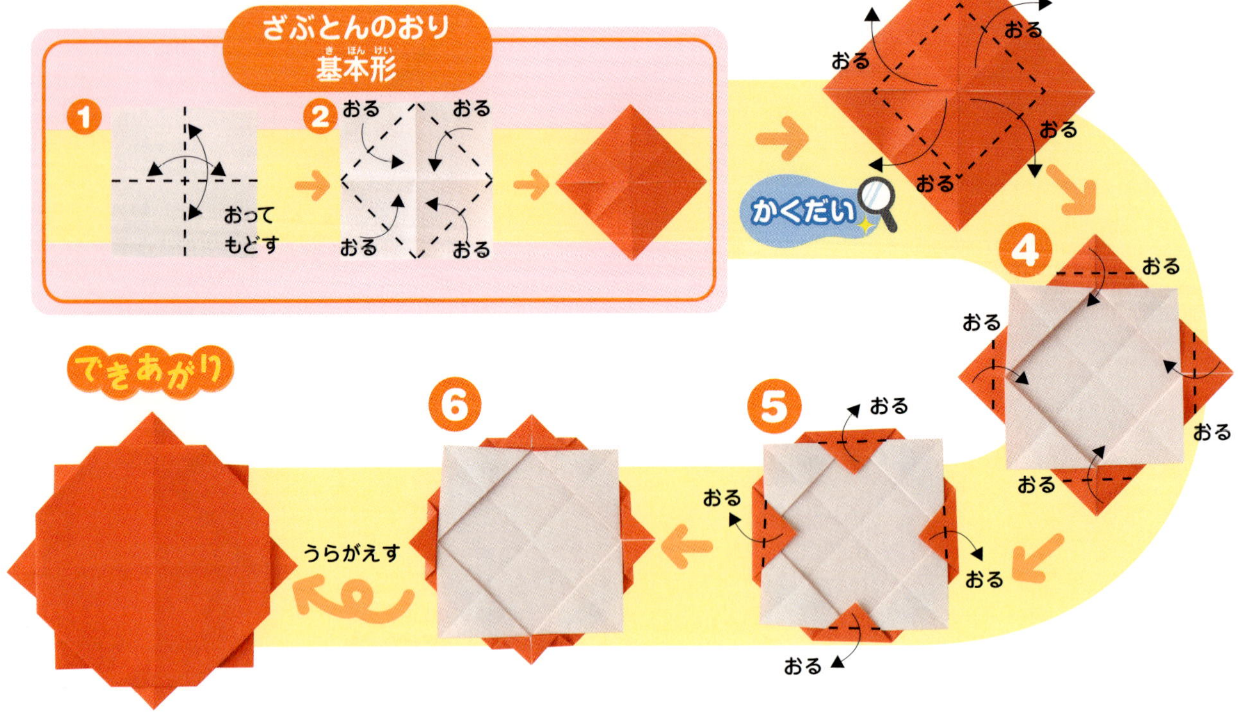
1
おって もどす
2
おる
おる
おる
おる
3
おる
おる
おる
おる
かくだい
4
おる
おる
おる
おる
5
おる
おる
おる
おる
6
うらがえす
できあがり

くも

レベル ★☆☆☆☆

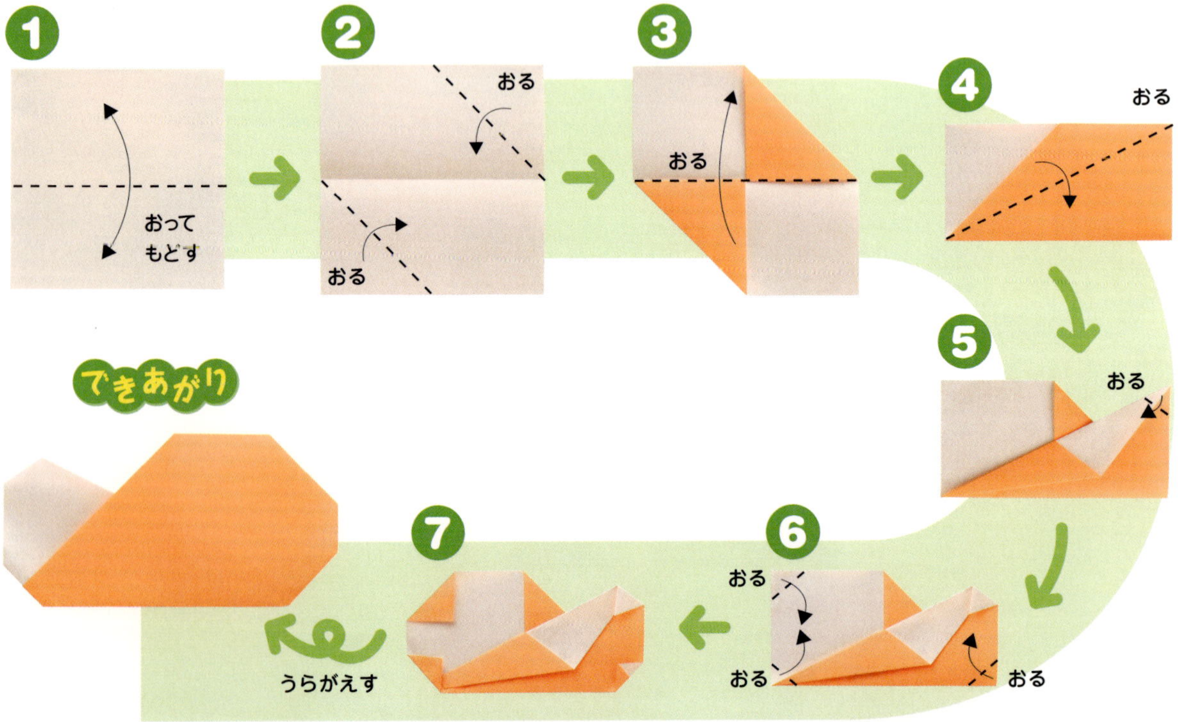
1
おって もどす
2
おる
おる
3
おる
4
おる
5
おる
6
おる
おる
おる
7
うらがえす
できあがり

しょ中《ちゅう》お見《み》まいのはがきを作《つく》ってみよう！

用《よう》意《い》するもの

- ・おり紙《がみ》
- ・はがき
- ・のり
- ・クレヨンや色《いろ》えんぴつ

のり

クイズ！

しょ中《ちゅう》お見《み》まいのはがきはいつまでに出《だ》せばいい？

答《こた》えはこのページの下《した》を見《み》てね。

作《つく》り方《かた》

❶ おり紙《がみ》ですきなものをおる。

❷ はがきにおったおり紙《がみ》をのりではる。

のり

❸ クレヨンなどでえと文字《もじ》をかく。

できあがり

しょ中お見まい
もうし上げます。
ゆう

できあがり

しょ中お見まい
もうし上げます。
みき

クイズの答《こた》え：梅雨《つゆ》明《あ》けのあと、立秋《りっしゅう》（8月《がつ》8日《ようか》ごろ）の前日《ぜんじつ》までに届《とど》くように出《だ》します。

夏《なつ》の山《やま》（こん虫《ちゅう》）

の山《やま》に行くと、夏《なつ》にしか会《あ》えないこん虫《ちゅう》がたくさんいます。たくさんおるとたのしいですね。

かぶとむし
作《つく》り方《かた》は34ページ
てんとうむし
くわがた
はち
作《つく》り方《かた》は34ページ
せみ
かまきり
作《つく》り方《かた》は35ページ
バッタ

せみ

レベル ★★★☆☆

1
おる
2
おる
おる
3
かくだい
おる
おる
4
おる
5
おる
6
うらがえす
7
おる
おる
8
かくだい
うらがえす
9
目《め》をつける
できあがり

バッタ

レベル ★☆☆☆☆

1
おる
2
うらも
同《おな》じにおる
おる
3
かくだい
おる
4
目《め》をつける
できあがり

てんとうむし

レベル ★★☆☆☆

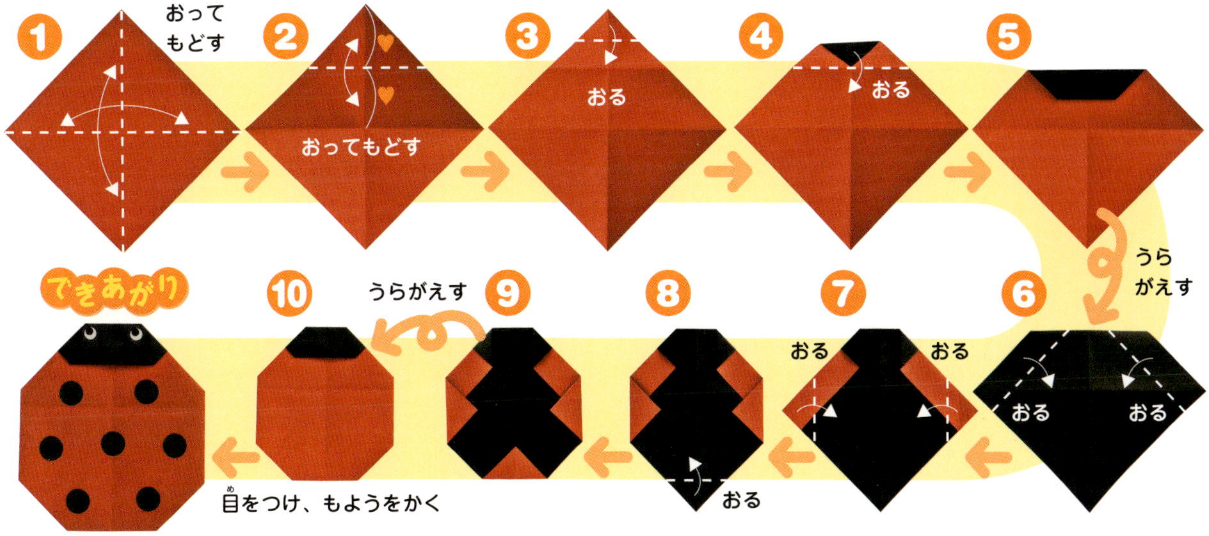

1 おってもどす
2 おってもどす
3 おる
4 おる
5
うらがえす
6 おる おる
7 おる おる
8 おる
9 うらがえす
10 目《め》をつけ、もようをかく
できあがり

くわがた

レベル ★★★☆☆

1 おってもどす
2 おる
3 おってもどす
4 おる おる
豆《まめ》ちしき
おり紙《がみ》のかどのような
かくどを直角《ちょっかく》というよ
5 直角《ちょっかく》 直角《ちょっかく》
うらがえす
6 おってもどす
7 ひらいてつぶす
おる
ポイント
前《まえ》におり、ひらいたところをおり線《せん》にそっておる。
8
うらがえす
9 おる おる
10 おる
11 おる おる
12 おってもどす
うらがえす
13 目《め》をつける
できあがり

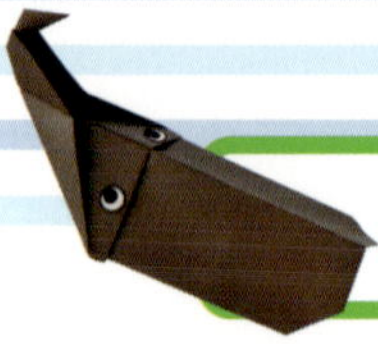

かぶとむし

レベル ★★★★☆

かくだい
1
おって
もどす
2
おる
おる
3
うらがえす
4
おる
5
おる
6
うらがえす
7
おる
おる
8
おる
9
おる
かくだい
ポイント
外《そと》がわにひらいてかぶせるようにおる。
10
かぶせおり
11
中《なか》わおり
かくだい
中《なか》におしこむようにしておる
12
うちがわにおる。うらも同《おな》じにおる。
13
おってもどす
14
すこしひろげる
15
目《め》をつける
できあがり

はち

レベル ★★★☆☆

かくだい
1
おって
もどす
2
おる
3
うらがえす
4
おる
おる
5
うらがえす

かまきり

レベル ★★★★☆

ポイント
まん中《なか》にあわせて
つぶす。

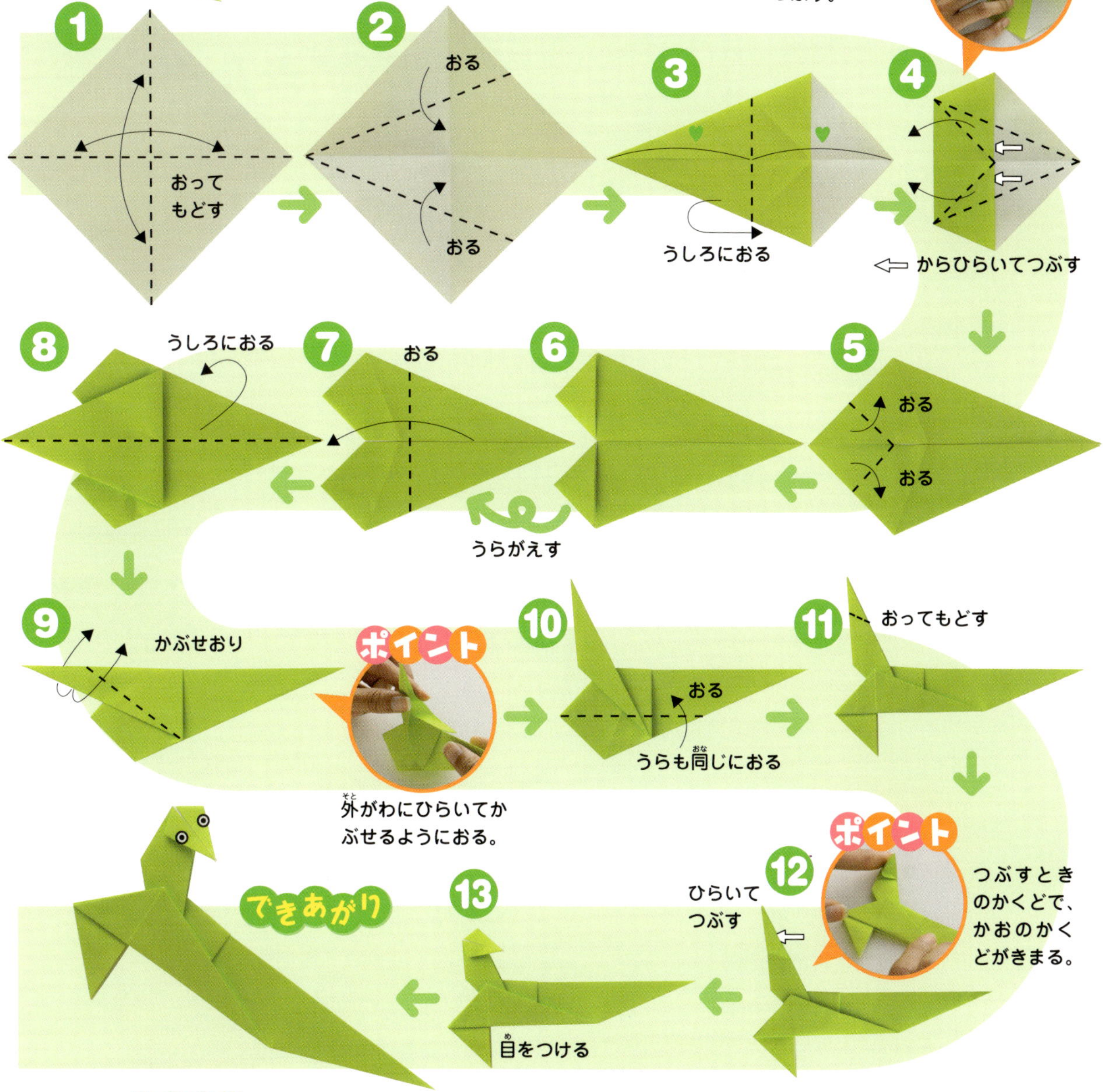

1
おって
もどす
2
おる
おる
3
うしろにおる
4
からひらいてつぶす
5
おる
おる
6
うらがえす
7
おる
8
うしろにおる
9
かぶせおり
ポイント
外《そと》がわにひらいてか
ぶせるようにおる。
10
おる
うらも同《おな》じにおる
11
おってもどす
12
ひらいて
つぶす
ポイント
つぶすとき
のかくどで、
かおのかく
どがきまる。
13
目《め》をつける
できあがり

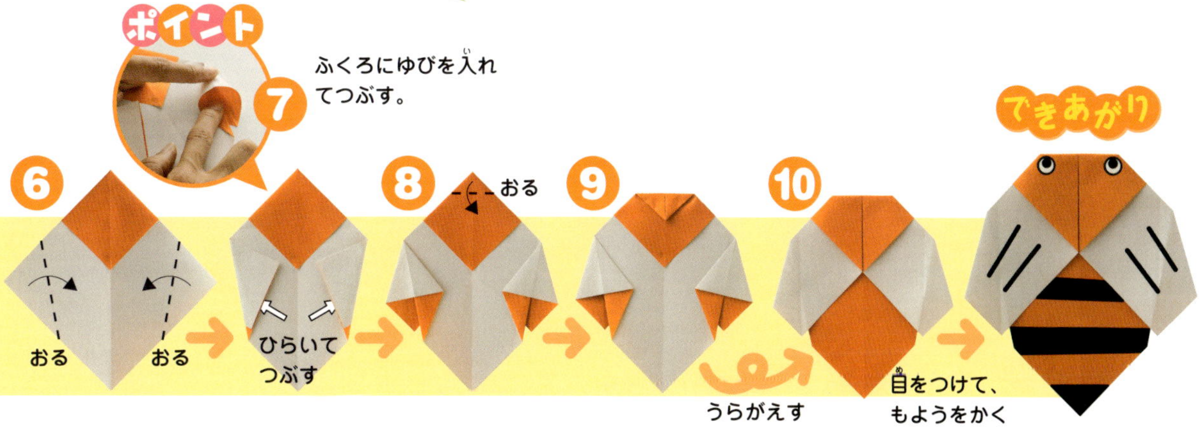

ポイント
7
ふくろにゆびを入《い》れ
てつぶす。
6
おる
おる
ひらいて
つぶす
8
おる
9
うらがえす
10
目《め》をつけて、
もようをかく
できあがり

夏《なつ》まつり

夏《なつ》を元気《げんき》にすごすために昔《むかし》からおこなわれてきました。ぎんぎょすくいなどのお店《みせ》もでます。

かざぐるま
うちわ
きんぎょ

きんぎょ レベル ★☆☆☆☆

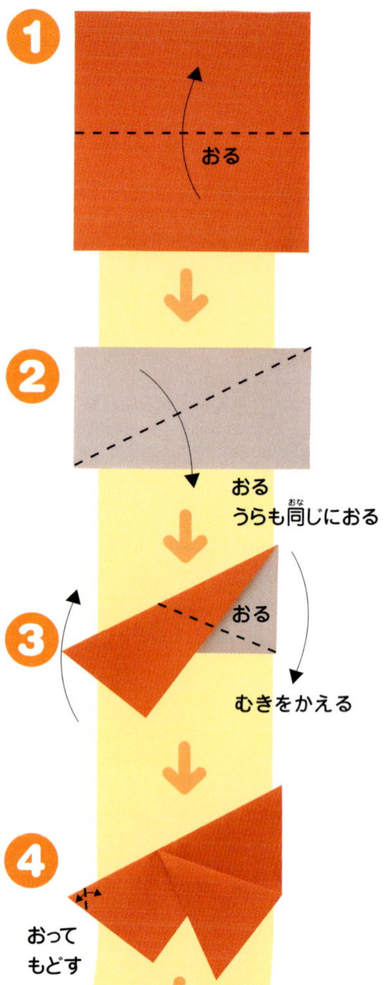
1
おる
2
おる
うらも同《おな》じにおる
3
おる
むきをかえる
4
おって
もどす

5
かくだい
中《なか》わり
おり
ポイント
おり線《せん》にそって中《なか》
におりこむ。
6
目《め》をつける
できあがり

かざぐるま

レベル ★★★☆☆

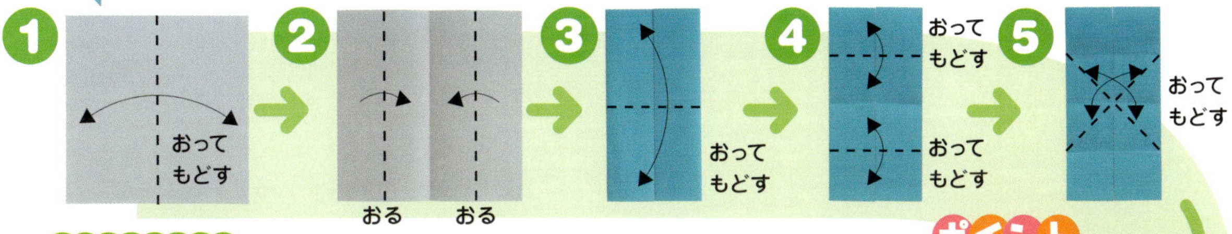
1
おってもどす
2
おる
おる
3
おってもどす
4
おってもどす
おってもどす
5
おってもどす

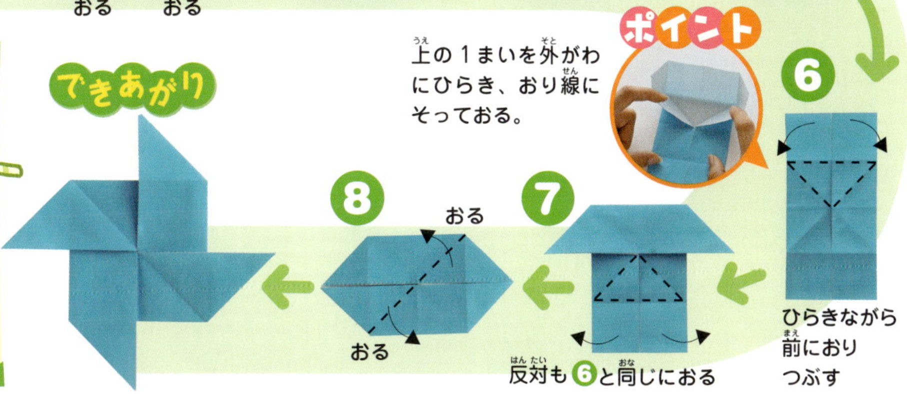
ポイント
上《うえ》の 1 まいを外《そと》がわにひらき、おり線《せん》にそっておる。
6
ひらきながら前《まえ》におりつぶす
7
反対《はんたい》も6と同《おな》じにおる
8
おる
おる
できあがり

かざぐるまの作《つく》り方《かた》

ようするもの

＊ストロー

＊がびょう

つくり方《かた》

できあがりのかざぐるまの前《まえ》からがびょうをさす。がびょうのさきにストローをさす。いきをふきかけるとまわるよ。

うら

うちわ

レベル ★★★☆☆

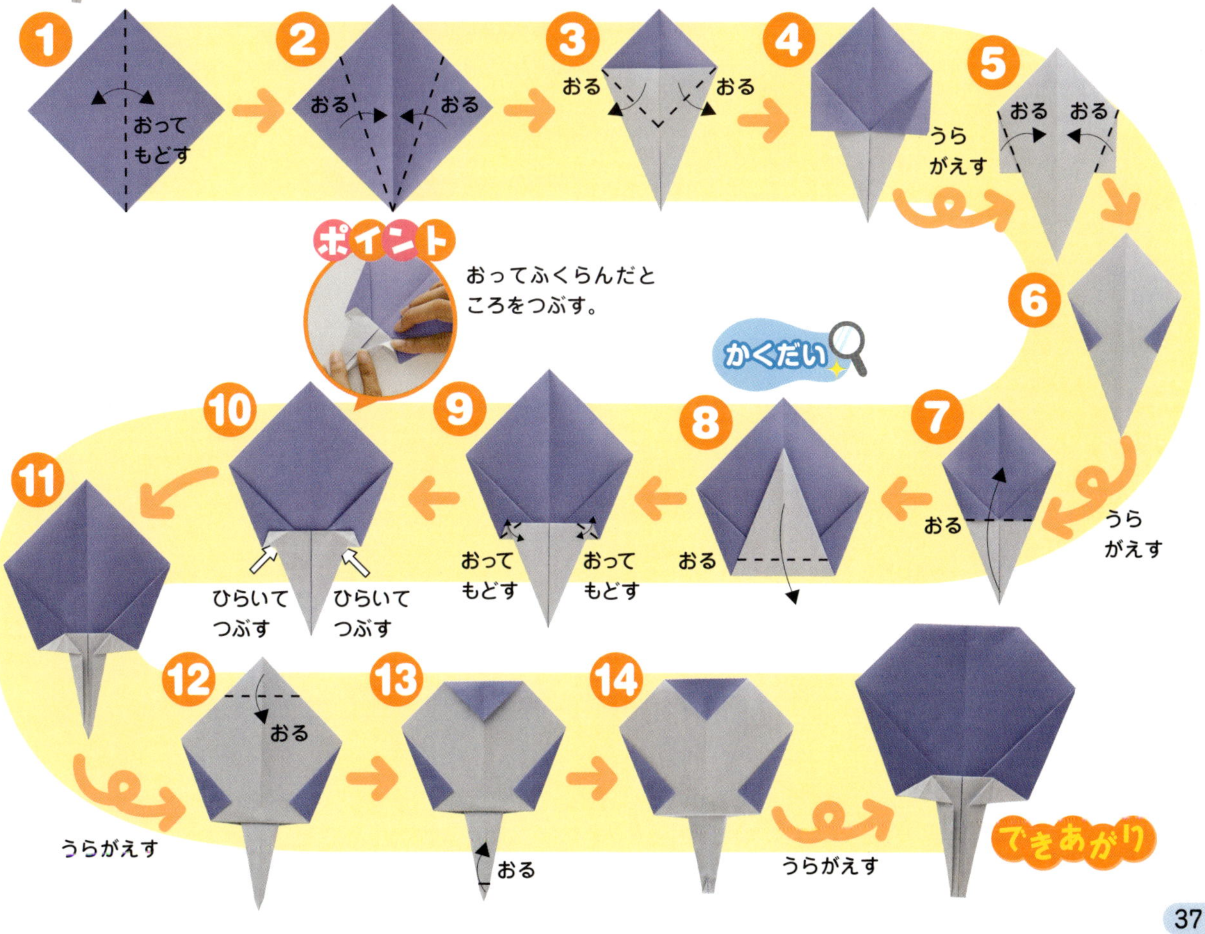
1
おってもどす
2
おる
おる
3
おる
おる
4
うらがえす
5
おる
おる
6
ポイント
おってふくらんだところをつぶす。
かくだい
7
おる
うらがえす
8
おる
9
おってもどす
おってもどす
10
ひらいてつぶす
ひらいてつぶす
11
うらがえす
12
おる
13
おる
14
うらがえす
できあがり

お月見《つきみ》

9月中旬《がつちゅうじゅん》から下旬《げじゅん》の満月《まんげつ》の夜《よる》。
秋《あき》のしゅうかくをかんしゃして
だんごなどをそなえます。

ふうせんうさぎ

レベル ★★★★☆

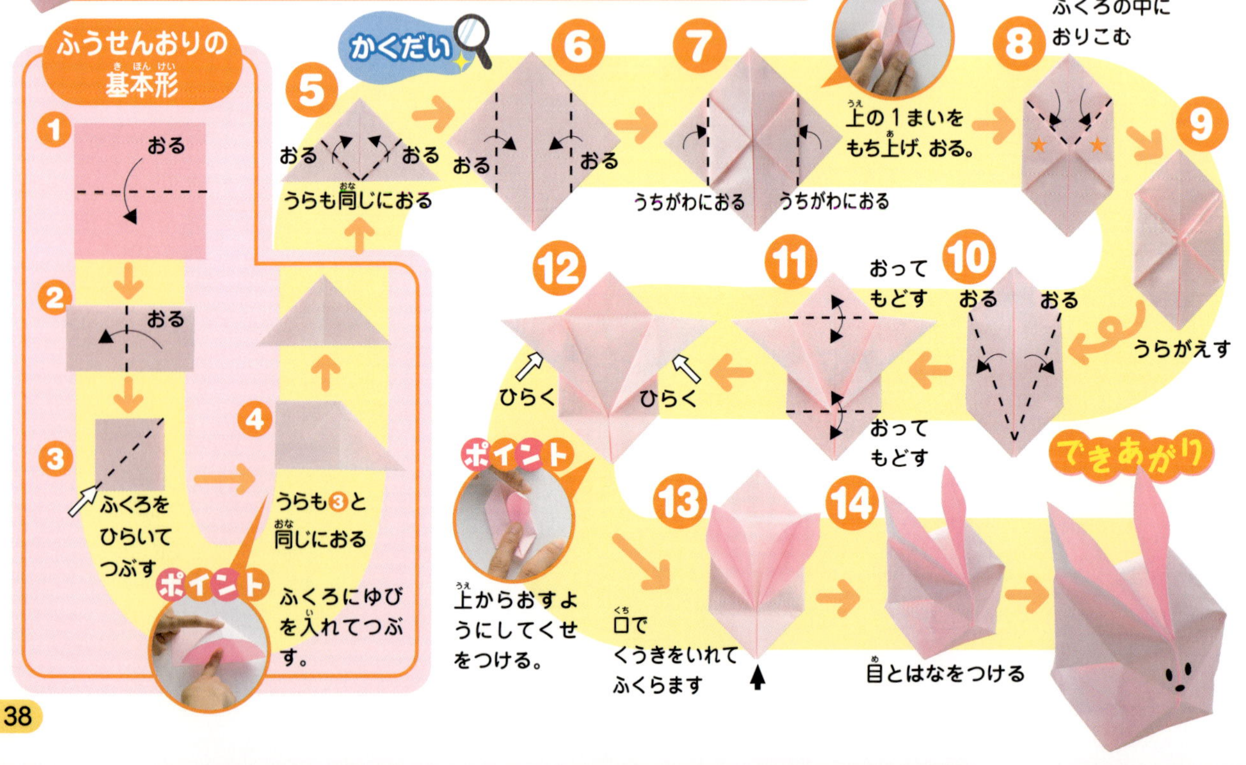

うさぎ

レベル ★★★☆☆

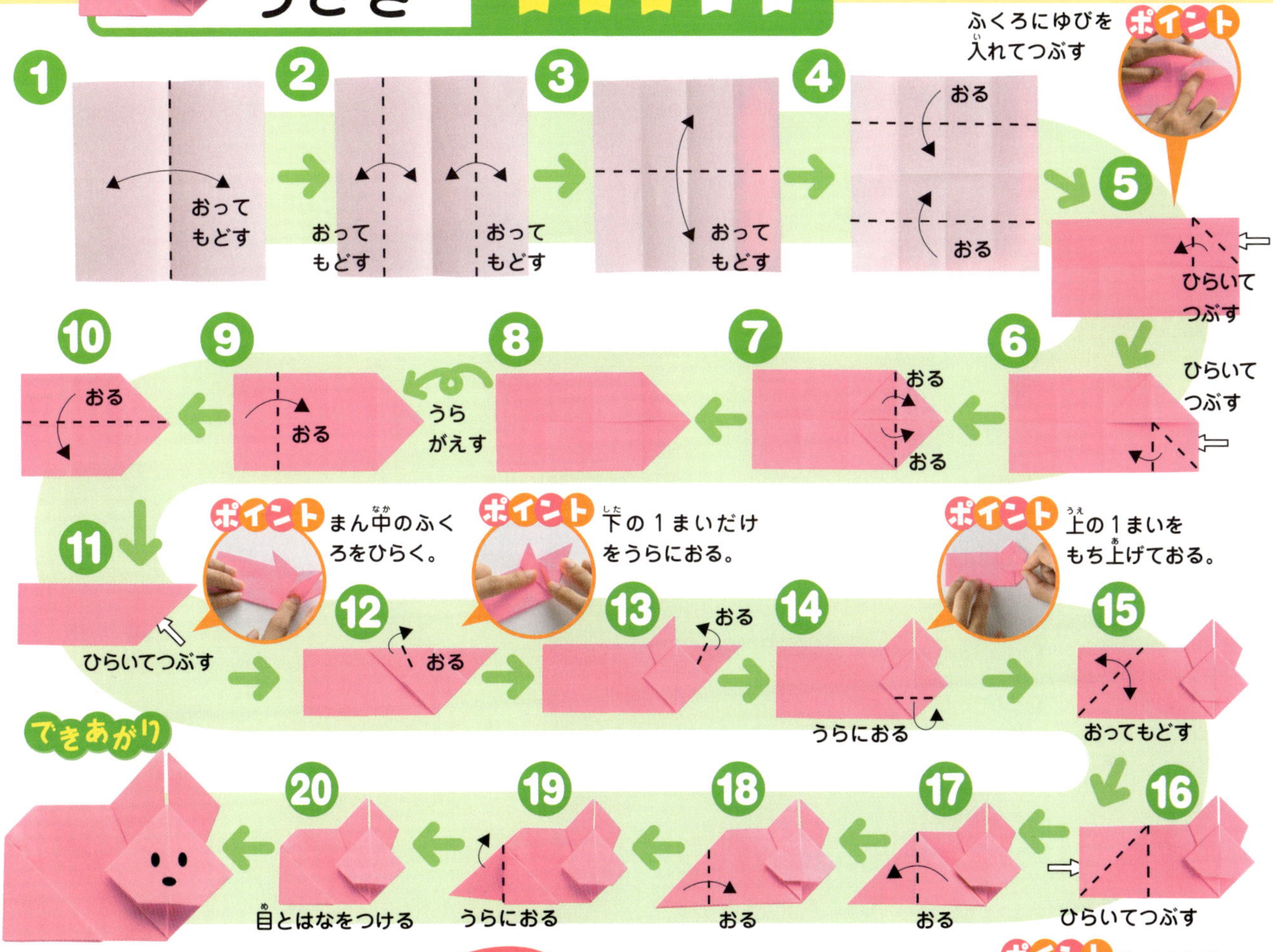
1
おって
もどす
2
おって
もどす
おって
もどす
3
おって
もどす
4
おる
おる
ふくろにゆびを
入《い》れてつぶす
ポイント
5
ひらいて
つぶす
6
ひらいて
つぶす
7
おる
おる
8
うら
がえす
9
おる
10
おる
11
ひらいてつぶす
ポイント
まん中《なか》のふく
ろをひらく。
12
おる
ポイント
下《した》の 1 まいだけ
をうらにおる。
13
おる
14
うらにおる
ポイント
上《うえ》の 1 まいを
もち上《あ》げておる。
15
おってもどす
16
ひらいてつぶす
17
おる
18
おる
19
うらにおる
20
目《め》とはなをつける
できあがり

さんぽう

レベル ★★★☆☆

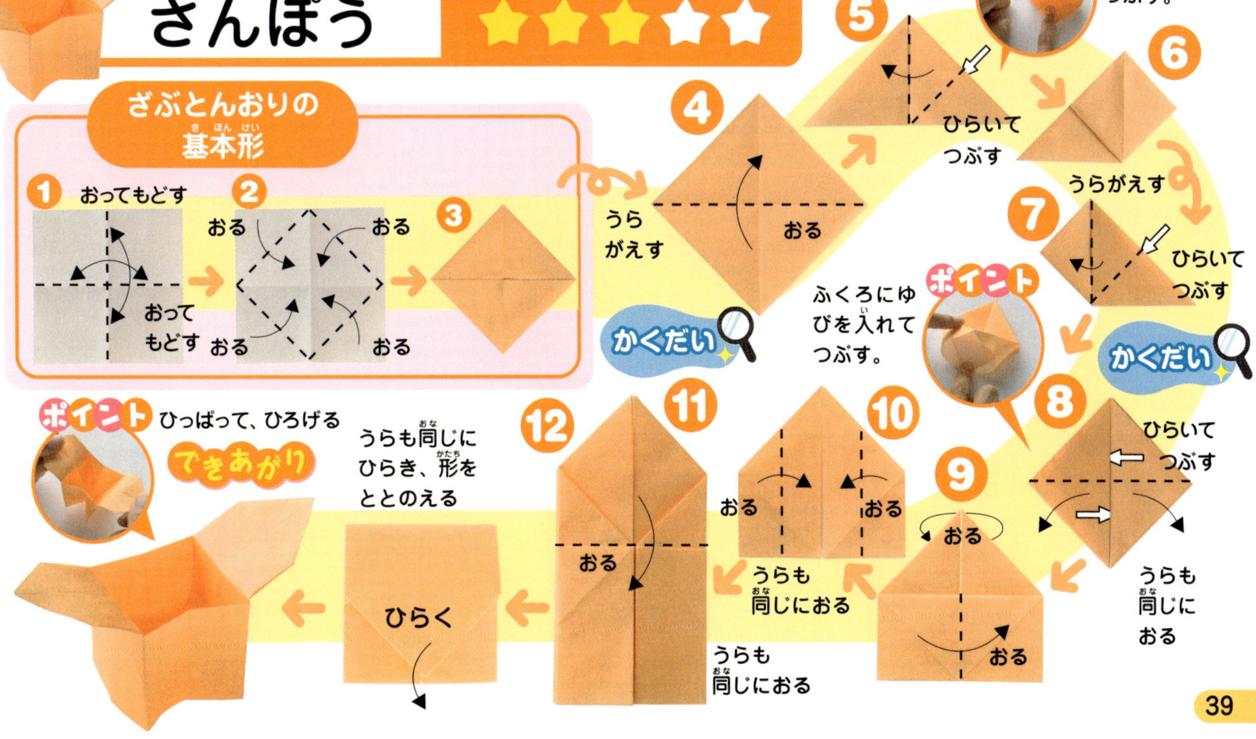
ざぶとんおりの
基《き》本《ほん》形《けい》
1
おってもどす
おって
もどす
2
おる
おる
おる
おる
3
うら
がえす
4
おる
5
ひらいて
つぶす
ポイント
ふくろにゆ
びを入《い》れて
つぶす。
6
うらがえす
7
ひらいて
つぶす
かくだい
ポイント
ふくろにゆ
びを入《い》れて
つぶす。
かくだい
8
ひらいて
つぶす
うらも
同《おな》じに
おる
9
おる
おる
10
おる
おる
うらも
同《おな》じにおる
11
12
おる
うらも
同《おな》じにおる
ひらく
うらも同《おな》じに
ひらき、形《かたち》を
ととのえる
ポイント
ひっぱって、ひろげる
できあがり

ハロウィン

10月《がつ》31日《にち》。アメリカやヨーロッパに伝《つた》わる秋《あき》のしゅうかくをいわう行《ぎょう》事《じ》です。

まじょ
ほうき
おばけ
まじょのぼうし
作《つく》り方《かた》は42ページ
かぼちゃのおばけ
作《つく》り方《かた》は43ページ
バスケット
作《つく》り方《かた》は42ページ

まじょ

レベル ★★★★★

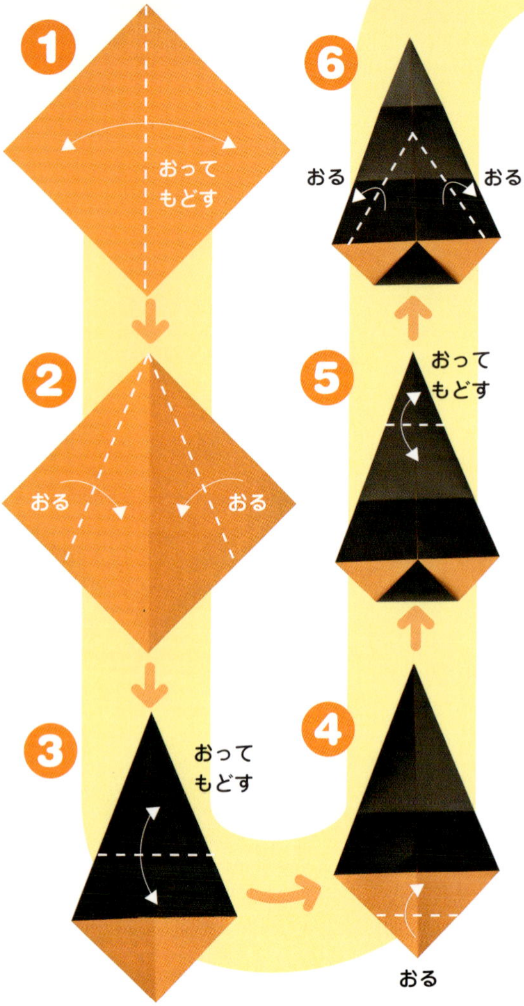

1
おってもどす
2
おる
おる
3
おってもどす
4
おる
5
おってもどす
6
おる
おる

ほうき

レベル ★★★☆☆

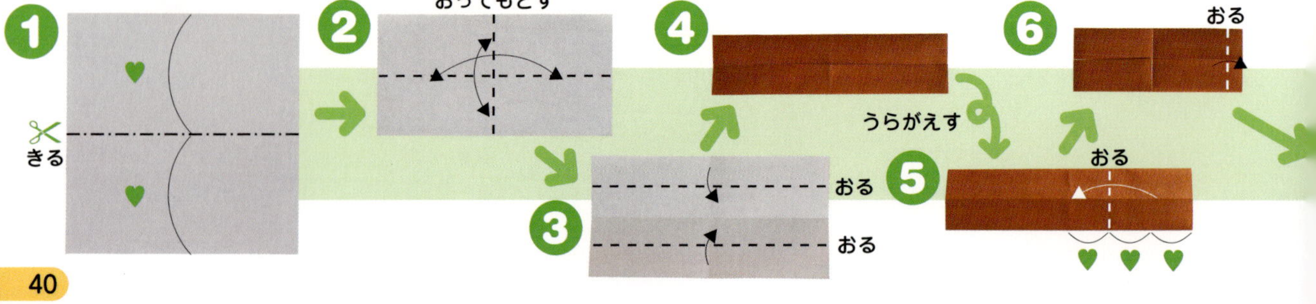

1
きる
2
おってもどす
3
おる
おる
4
うらがえす
5
おる
6
おる

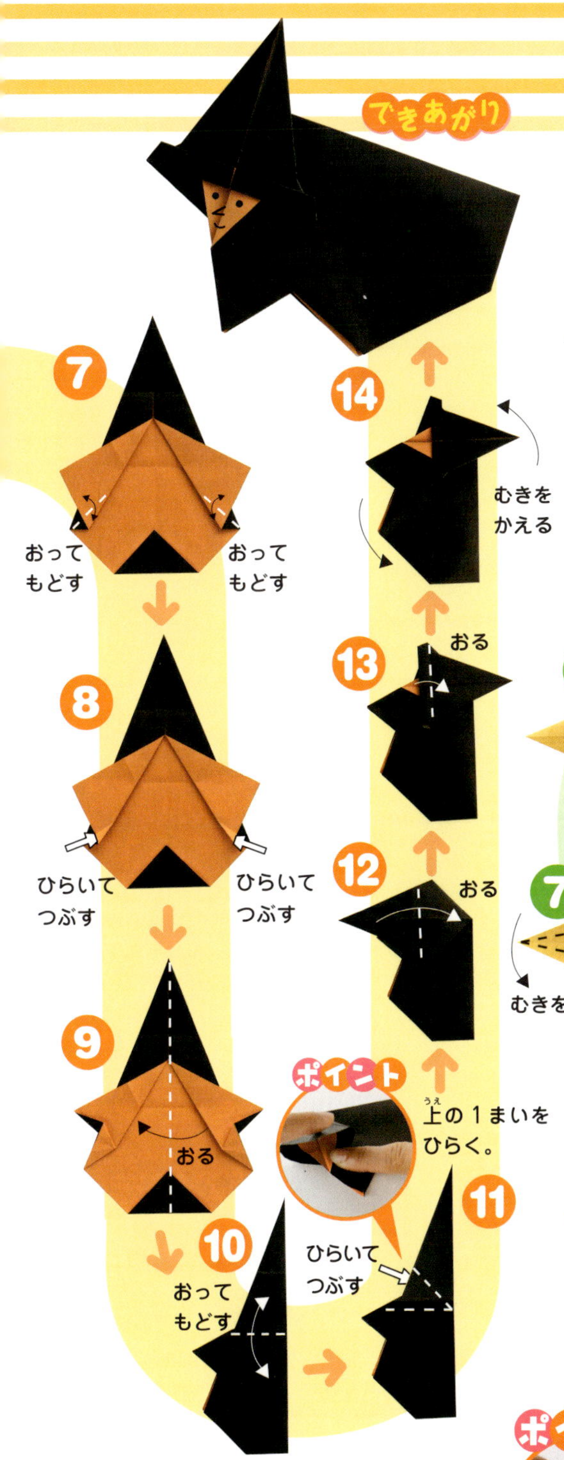
できあがり
7
おってもどす
おってもどす
8
ひらいてつぶす
ひらいてつぶす
9
おる
10
おってもどす
11
ひらいてつぶす
ポイント
上《うえ》の１まいをひらく。
12
おる
13
おる
14
むきをかえる

おばけ

レベル ★★★☆☆

1
おってもどす
2
おる
おる
3
おる
おる
4
ひらいてつぶす
ポイント
ふくろにゆびを入《い》れ中《なか》の１まいをひきだしつぶす。
5
ひらいてつぶす
6
前《まえ》にたおすようにうらがえす
7
おる
おる
むきをかえる
8
おる
かくだい
9
おる
10
おる
うらがえす
11
おる
おる
12
目《め》とはなをつける
できあがり

7
うらがえす
8
おってもどす
おってもどす
9
おりながらつぶす
ポイント
左《ひだり》がわからおり、ひらいたところをつぶす。
10
おりながらつぶす
11
うらがえす
できあがり

バスケット

レベル ★★★☆☆

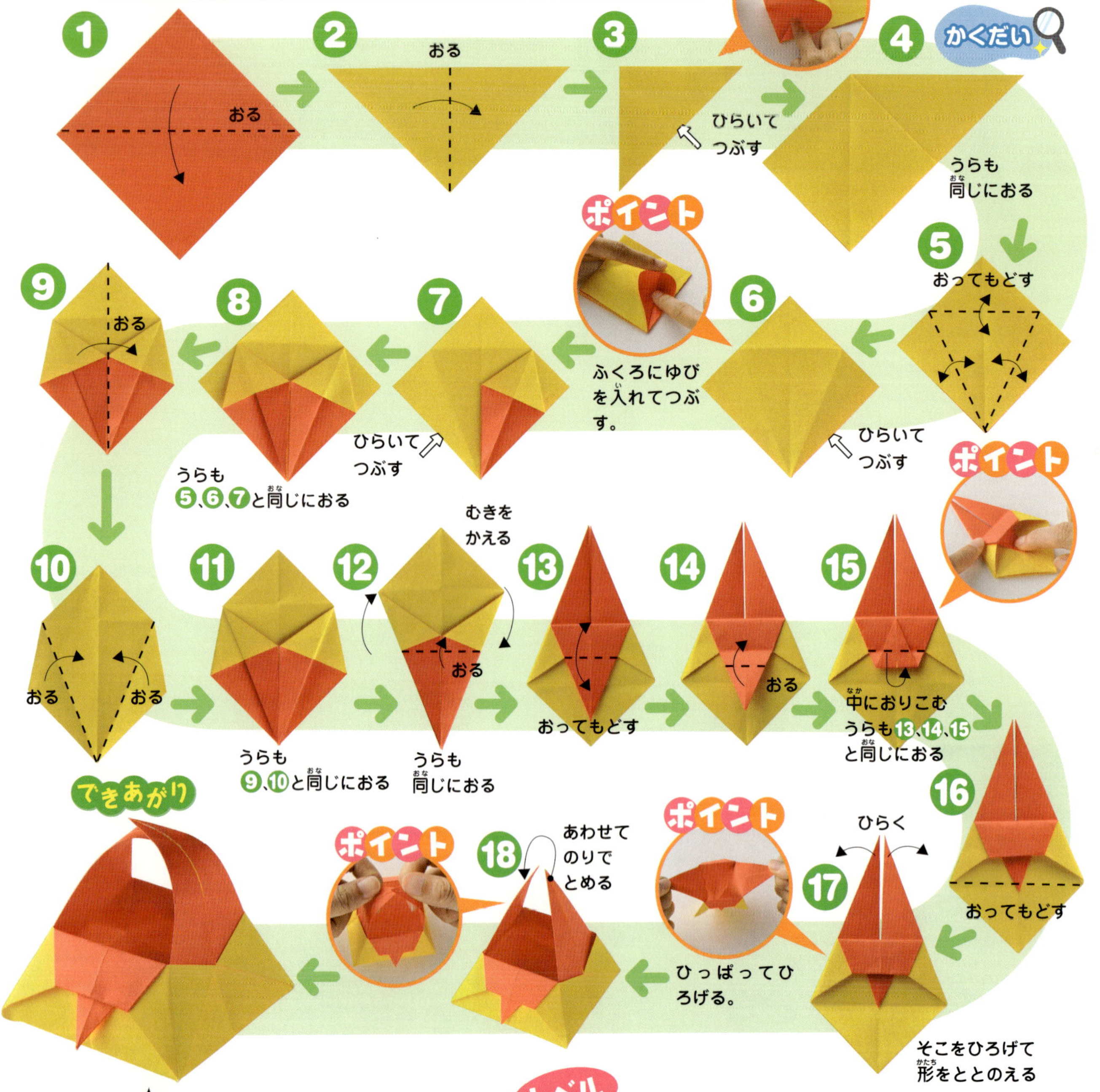
ポイント
ふくろにゆびを
入《い》れてつぶす。
1
おる
2
おる
3
ひらいて
つぶす
4
かくだい
うらも
同《おな》じにおる
5
おってもどす
6
ひらいて
つぶす
ポイント
ふくろにゆび
を入《い》れてつぶ
す。
7
ひらいて
つぶす
8
うらも
5、6、7と同《おな》じにおる
9
おる
10
おる
おる
11
うらも
9、10と同《おな》じにおる
12
むきを
かえる
おる
うらも
同《おな》じにおる
13
おってもどす
14
おる
15
中《なか》におりこむ
うらも13、14、15
と同《おな》じにおる
ポイント
16
おってもどす
17
ひらく
そこをひろげて
形《かたち》をととのえる
ポイント
ひっぱってひ
ろげる。
18
あわせて
のりで
とめる
ポイント
できあがり

まじょのぼうし

レベル ★☆☆☆☆

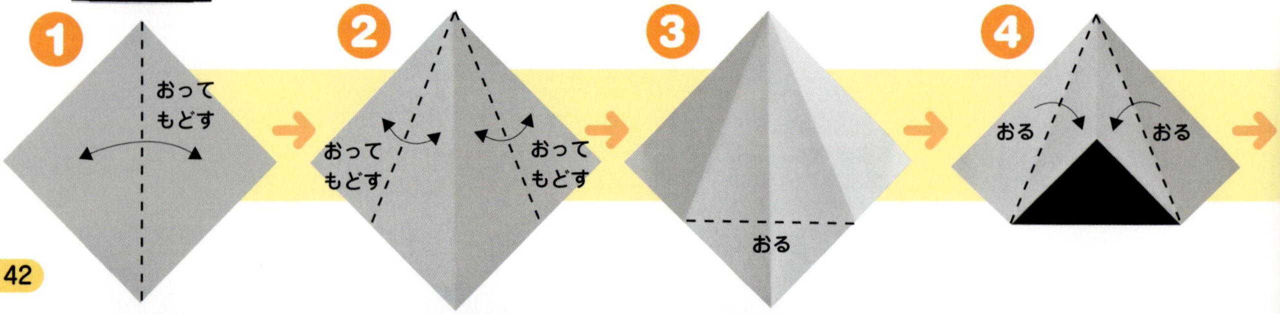
1
おって
もどす
2
おって
もどす
おって
もどす
3
おる
4
おる
おる

かぼちゃのおばけ

レベル ★★☆☆☆

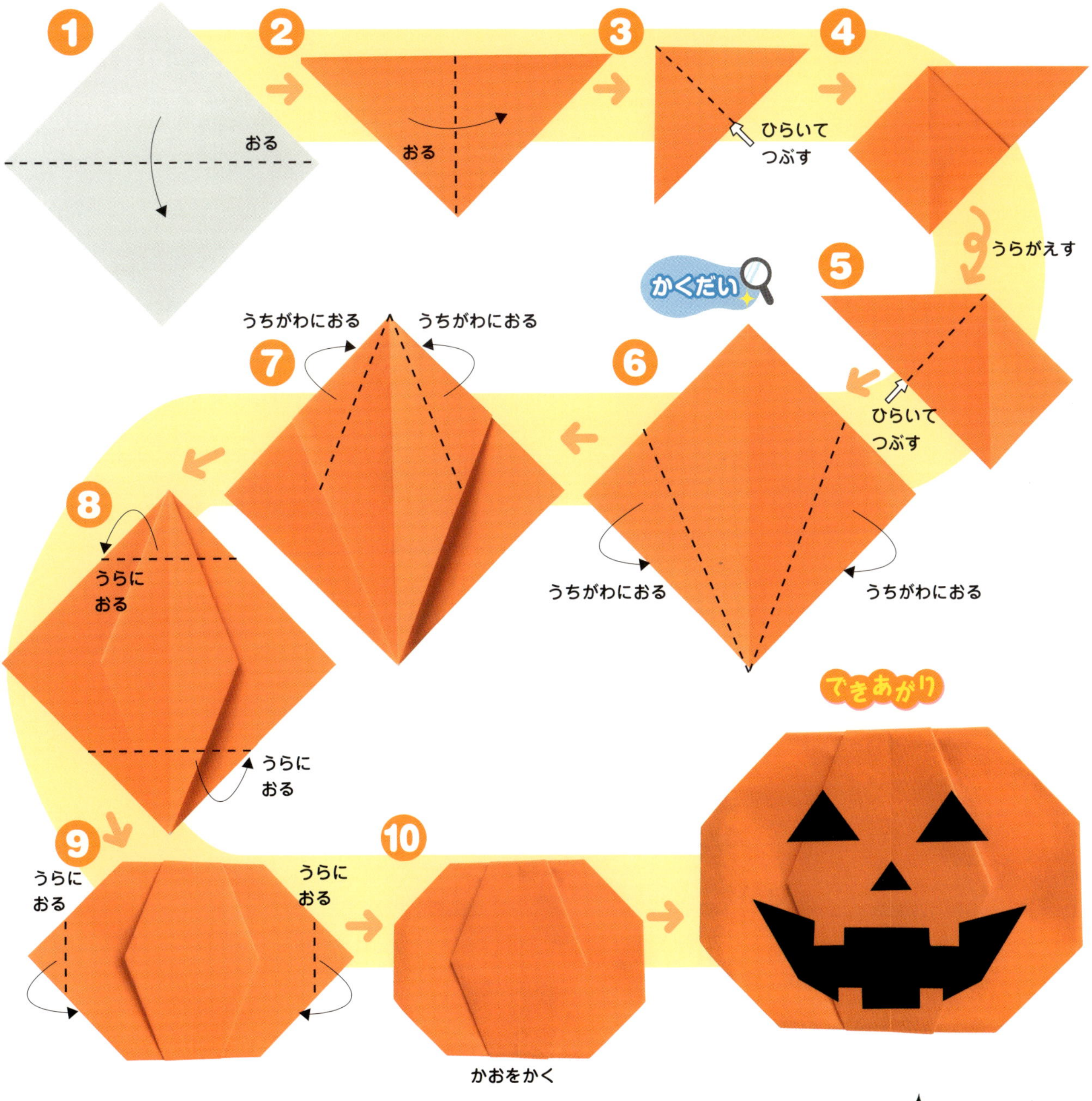

1
おる
2
おる
3
ひらいて
つぶす
4
うらがえす
5
ひらいて
つぶす
かくだい
6
うちがわにおる
うちがわにおる
7
うちがわにおる
うちがわにおる
8
うらに
おる
うらに
おる
9
うらに
おる
うらに
おる
10
かおをかく
できあがり

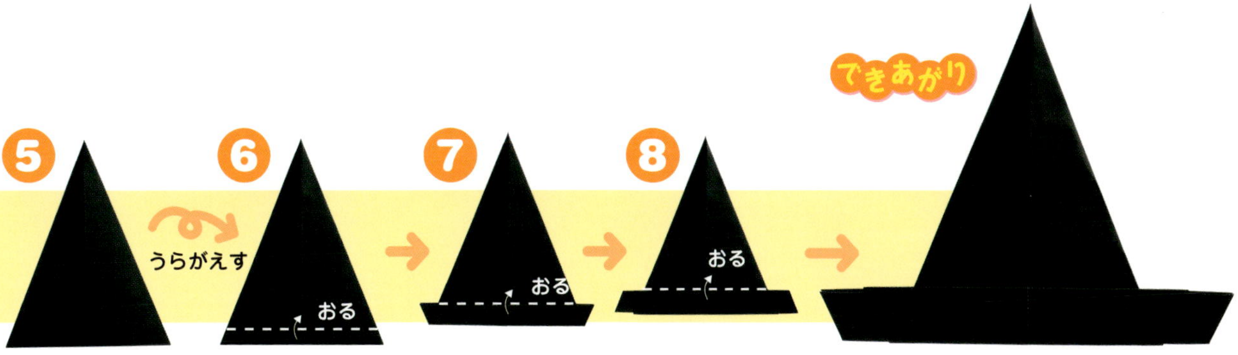

5
6
うらがえす
おる
7
おる
8
おる
できあがり

秋《あき》のしぜん　しょくぶつ

秋《あき》になるとしょくぶつの葉《は》がきいろや赤《あか》にかわります。また、たくさんの実《み》をつけます。

もみじ
いちょう

もみじ

レベル ★★★★☆

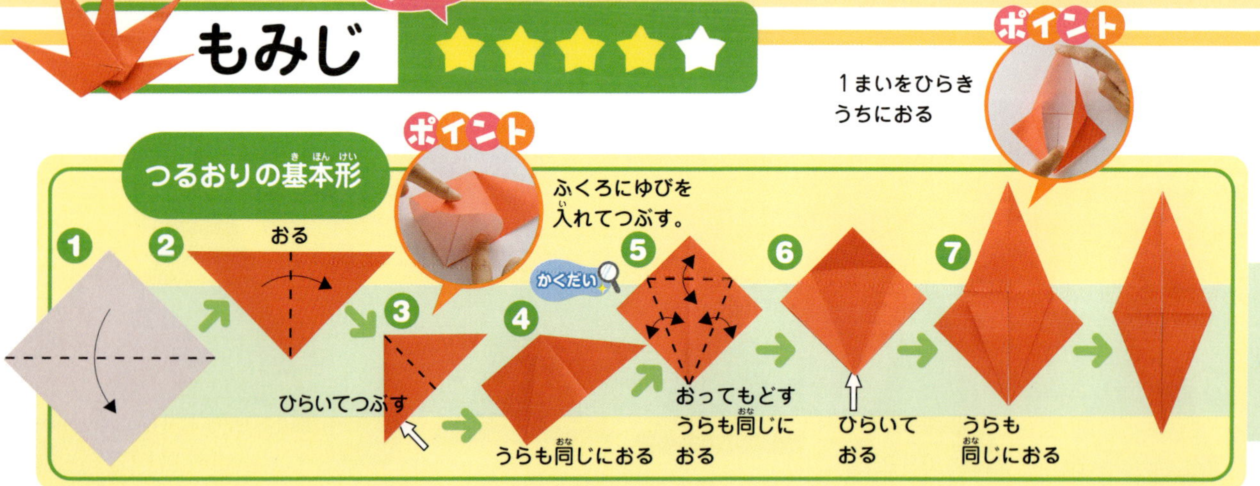

つるおりの基本形《きほんけい》
ポイント
1まいをひらき
うちにおる
ポイント
ふくろにゆびを
入《い》れてつぶす。
1
2
おる
3
ひらいてつぶす
かくだい
4
うらも同《おな》じにおる
5
おってもどす
うらも同《おな》じに
おる
6
ひらいて
おる
7
うらも
同《おな》じにおる

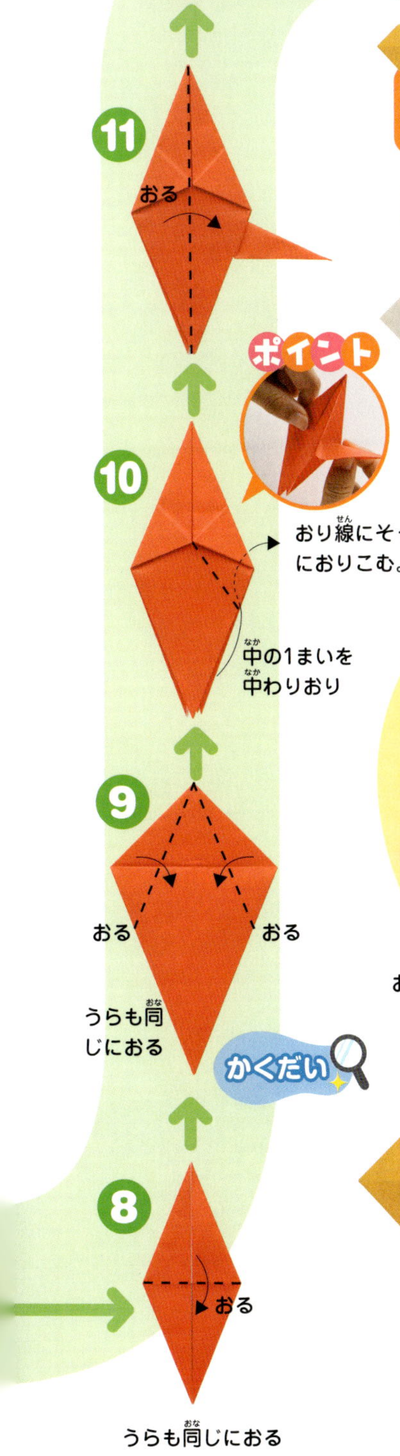
8
おる
うらも同《おな》じにおる
かくだい
9
おる
おる
うらも同《おな》じにおる
10
中《なか》の1まいを
中《なか》わりおり
ポイント
おり線《せん》にそって中《なか》
におりこむ。
11
おる

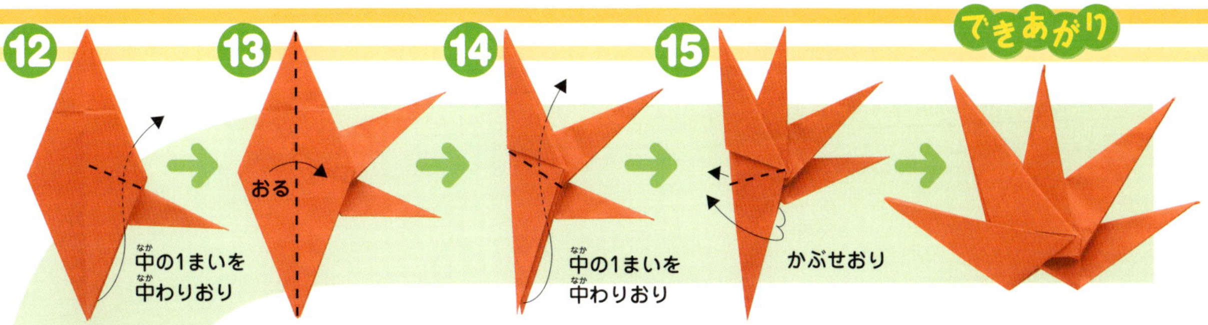
12
中《なか》の1まいを
中《なか》わりおり
13
おる
14
中《なか》の1まいを
中《なか》わりおり
15
かぶせおり
できあがり

いちょう

レベル ★★★☆☆

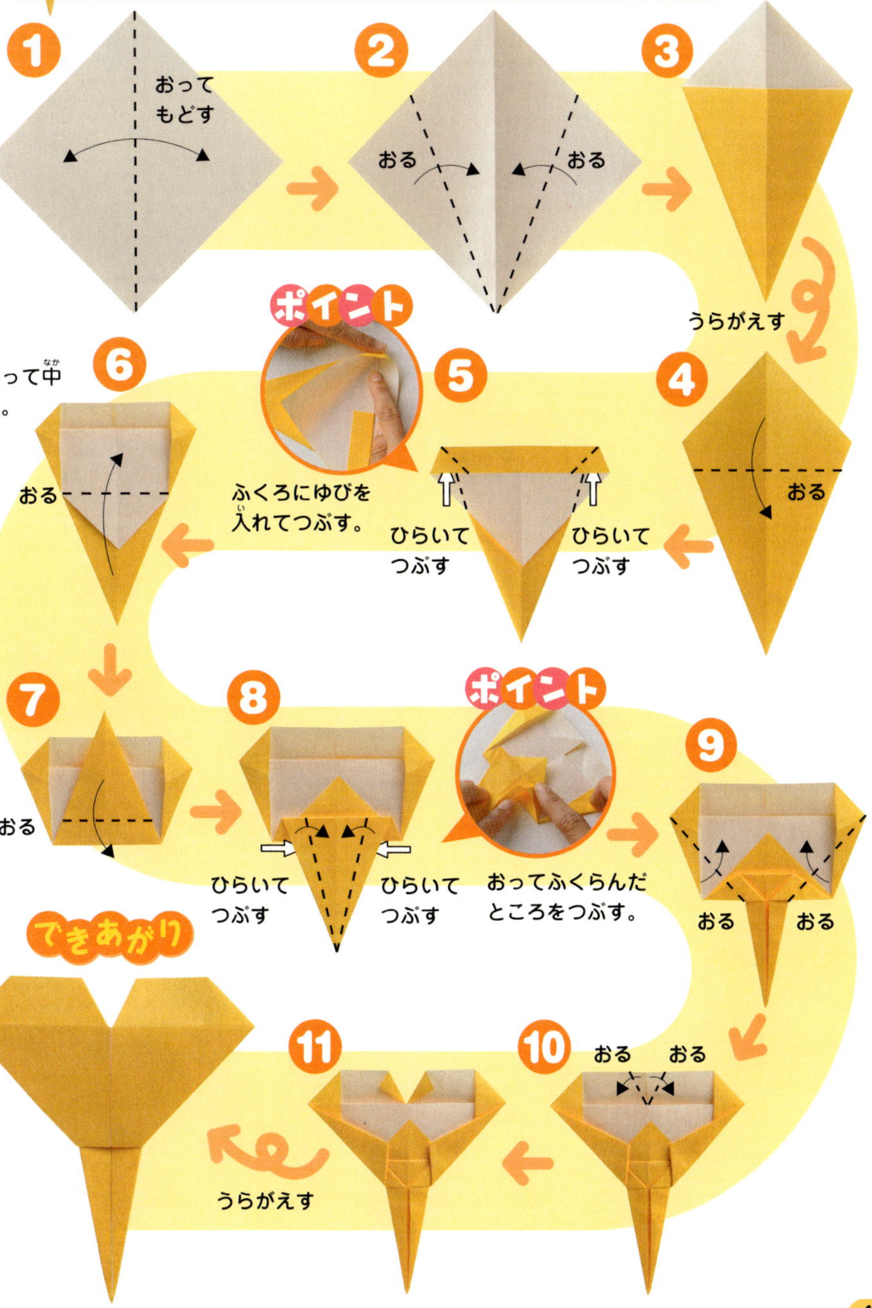
1
おって
もどす
2
おる
おる
3
うらがえす
4
おる
5
ひらいて
つぶす
ひらいて
つぶす
ポイント
ふくろにゆびを
入《い》れてつぶす。
6
おる
7
おる
8
ひらいて
つぶす
ひらいて
つぶす
ポイント
おってふくらんだ
ところをつぶす。
9
おる
おる
10
おる
おる
11
うらがえす
できあがり

たべもの

なす

レベル ★☆☆☆☆

1

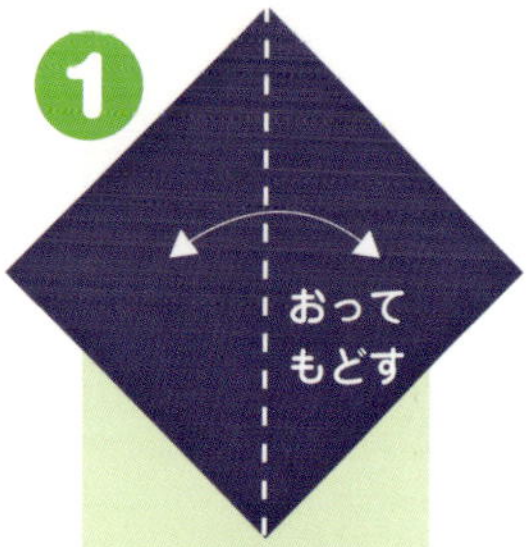

2

3

うら
がえす

4

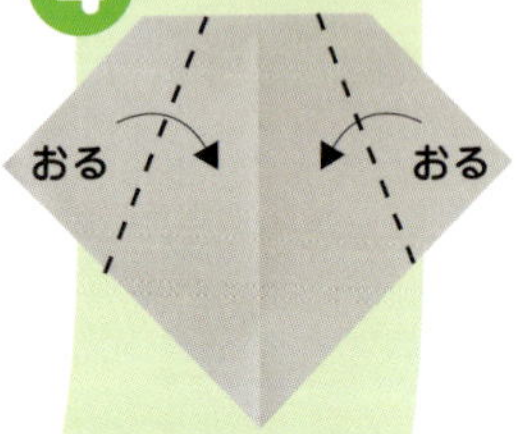

5 かくだい

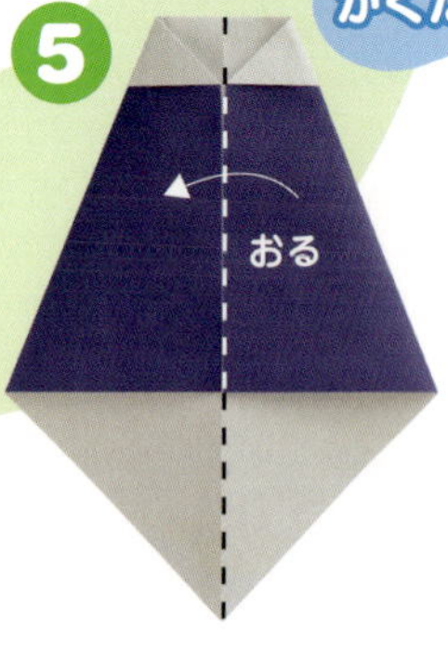

6

おって
もどす

ポイント

おり線《せん》にそって中《なか》におりこむ。

7

中《なか》わりおり

できあがり

くり

レベル

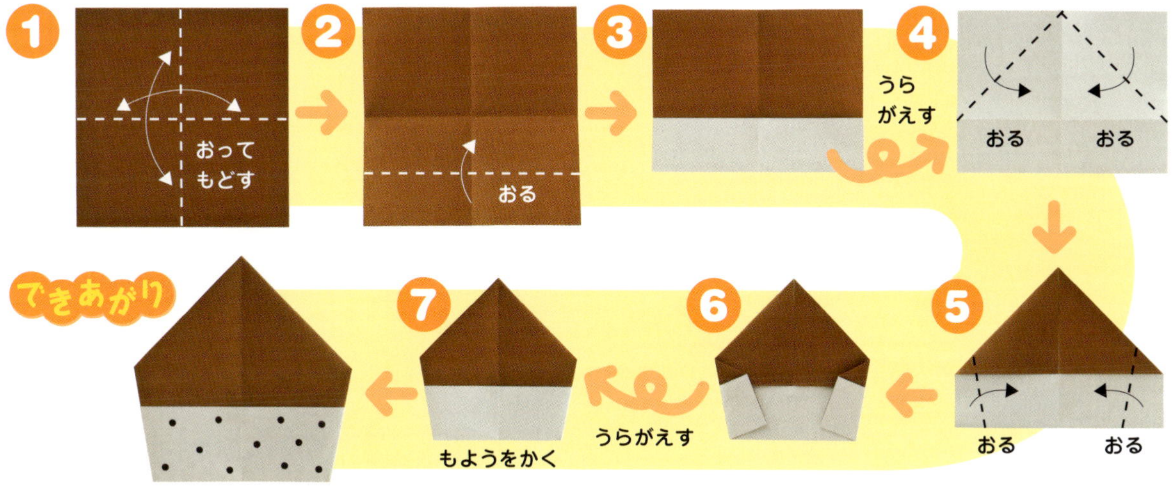
1
おって
もどす
2
おる
3
4
うら
がえす
おる
おる
5
おる
おる
6
うらがえす
7
もようをかく
できあがり

きのこ

レベル

かくだい
1
おって
もどす
2
おる
3
うらがえす
4
おる
おる
5
うら
がえす
6
おる
7
おる
8
うらがえす
9
おって
もどす
おって
もどす
10
ひらいて
つぶす
ひらいて
つぶす
ポイント
おってふくらんだ
ところをつぶす。
11
おる
おる
12
おる
おる
13
うらがえす
14
もようをつける
できあがり

冬《ふゆ》

クリスマス

12月《がつ》25日《にち》。キリストのたんじょうをいわう行事《ぎょうじ》。ツリーをかざるなどしてたのしみます。

リボン
ツリー
ステッキ
作《つく》り方《かた》は54ページ
キャンドル
かね
作《つく》り方《かた》は50ページ
リース
作《つく》り方《かた》は
54ページ
サンタブーツ
作《つく》り方《かた》は51ページ
サンタクロース
作《つく》り方《かた》は52ページ

ツリー

レベル ★★★☆☆

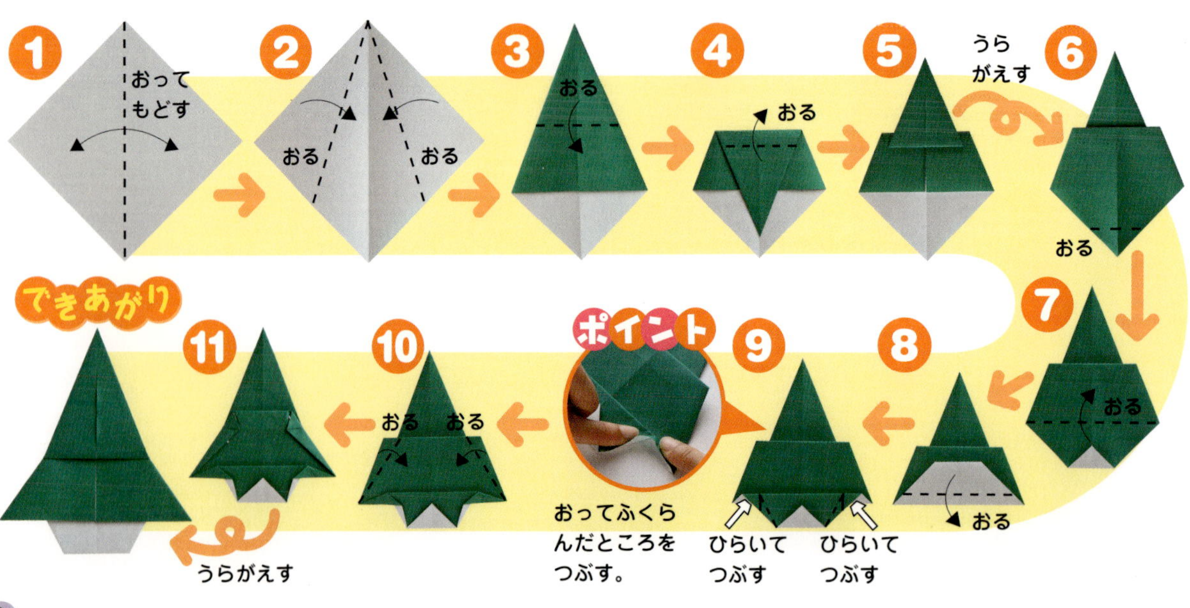

1
おって
もどす
2
おる
おる
3
おる
4
おる
5
うら
がえす
6
おる
7
おる
8
おる
9
ひらいて
つぶす
ひらいて
つぶす
ポイント
おってふくらんだところをつぶす。
10
おる
おる
11
うらがえす
できあがり

リボン

レベル ★☆☆☆☆

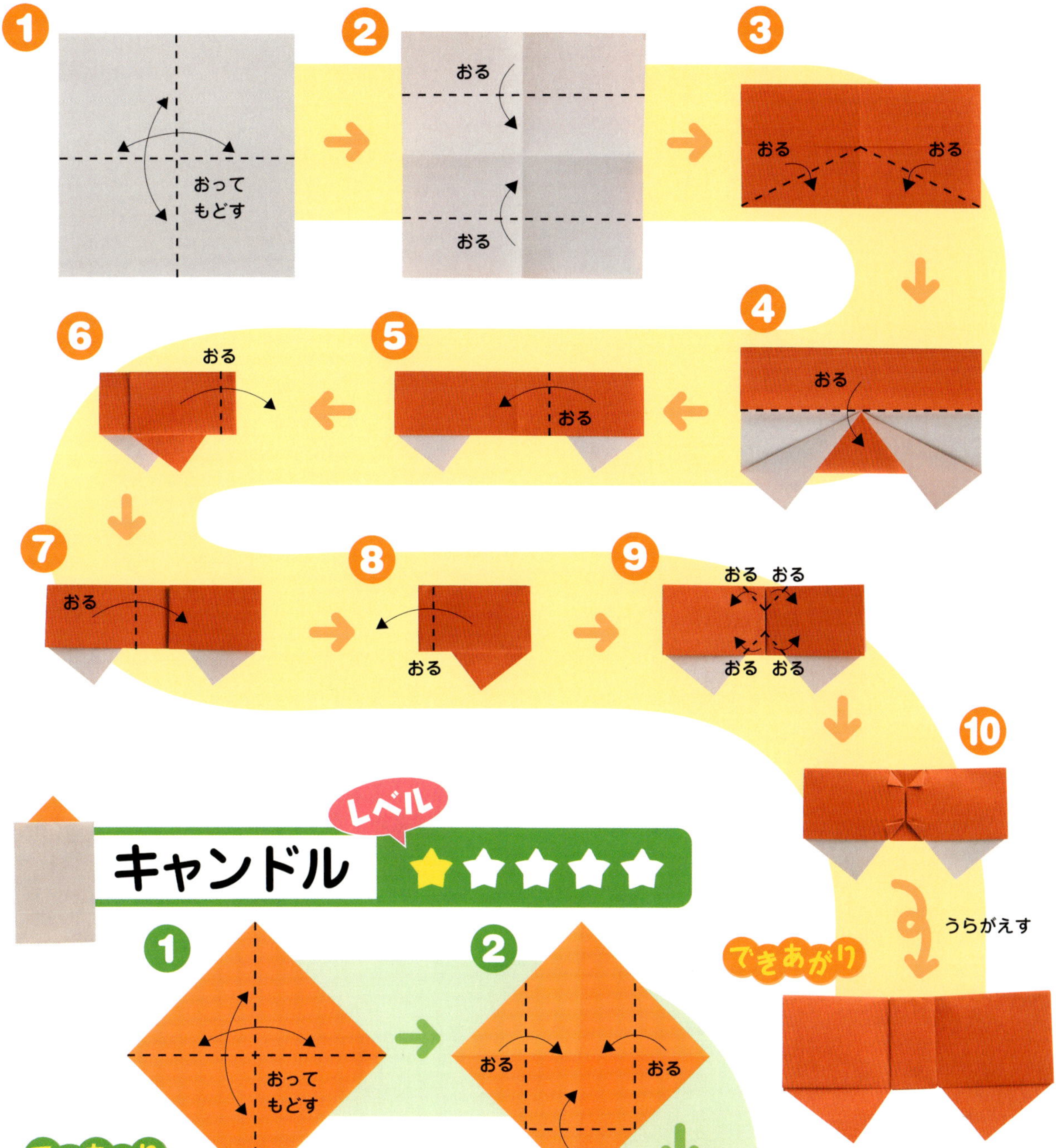
1
おって
もどす
2
おる
おる
3
おる
おる
4
おる
5
おる
6
おる
7
おる
8
おる
9
おる おる
おる おる
10
うらがえす
できあがり

キャンドル

レベル ★☆☆☆☆

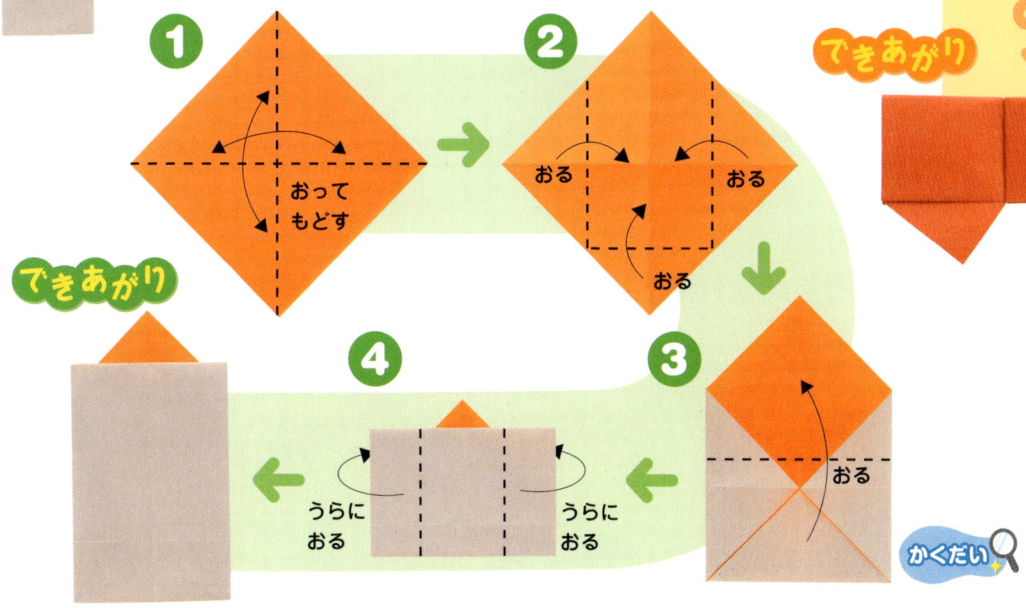
1
おって
もどす
2
おる
おる
おる
3
おる
かくだい
4
うらに
おる
うらに
おる
できあがり

かね

レベル ★★★★☆

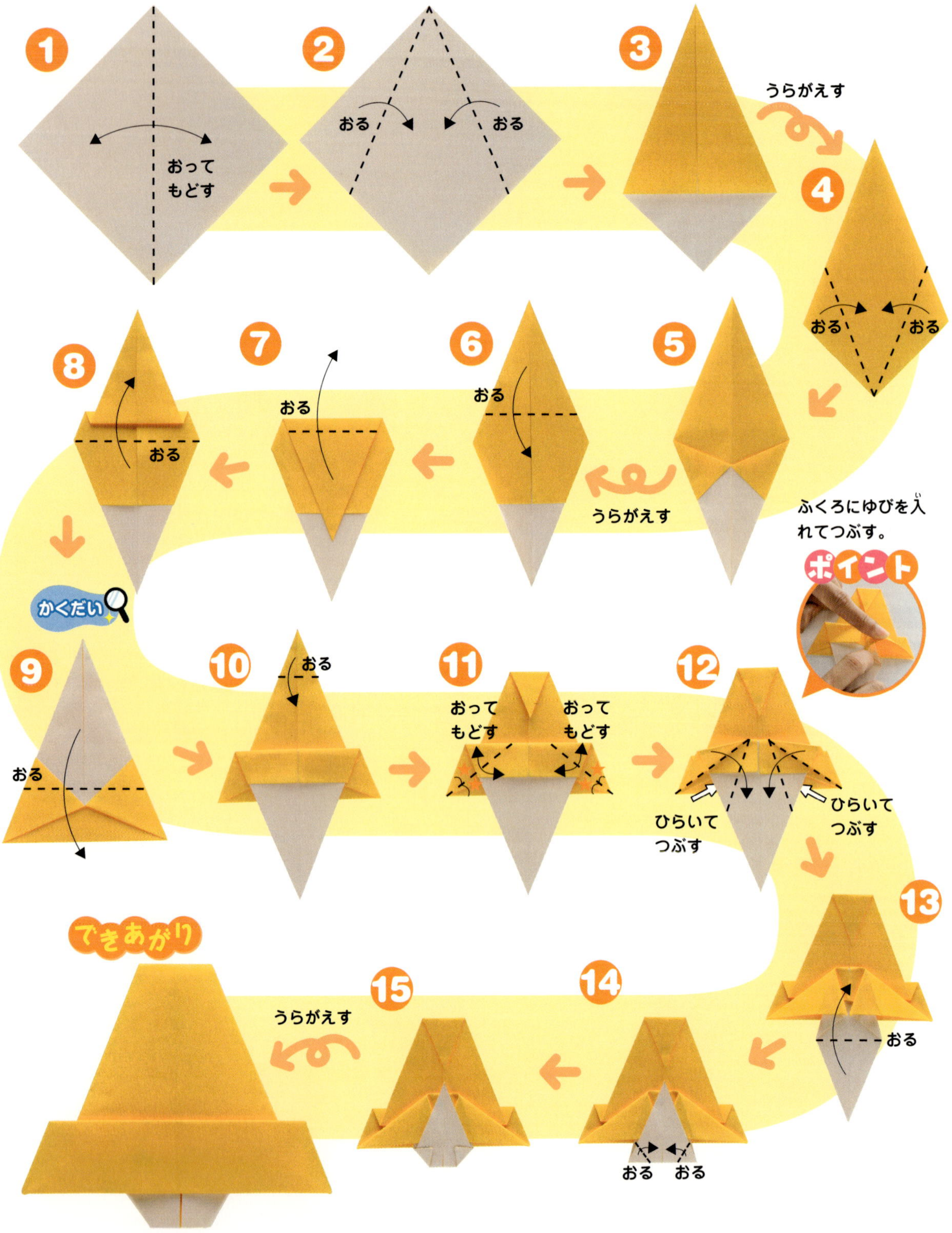

1
おって
もどす
2
おる
おる
3
うらがえす
4
おる
おる
5
ふくろにゆびを入《い》れてつぶす。
ポイント
うらがえす
6
おる
7
おる
8
おる
かくだい
9
おる
10
おる
11
おって
もどす
おって
もどす
12
ひらいて
つぶす
ひらいて
つぶす
13
おる
14
おる
おる
15
うらがえす
できあがり

サンタブーツ

レベル ★★★☆☆

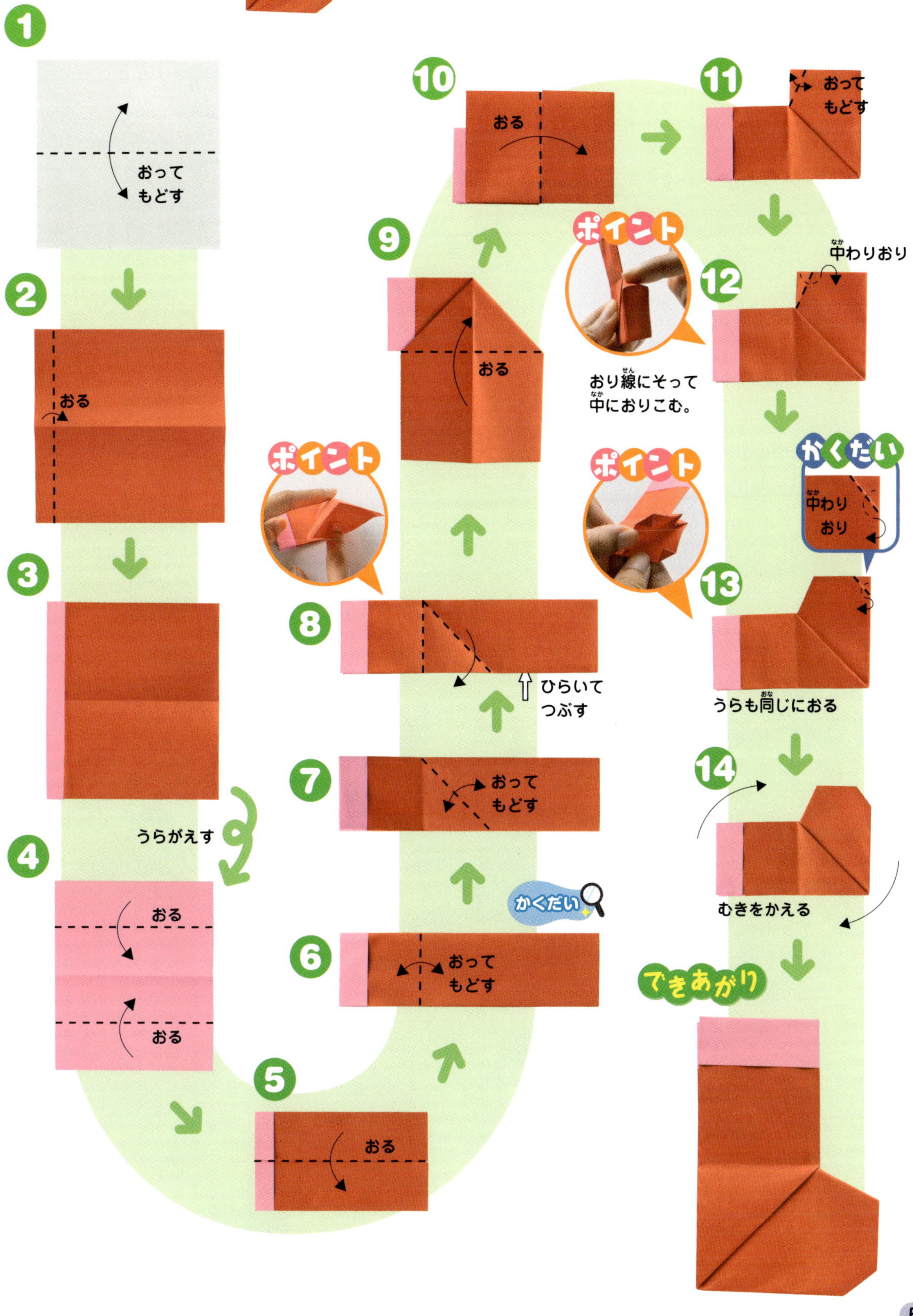
1
おって
もどす
2
おる
3
うらがえす
4
おる
おる
5
おる
6
おって
もどす
かくだい
7
おって
もどす
8
ひらいて
つぶす
ポイント
9
おる
10
おる
ポイント
おり線《せん》にそって
中《なか》におりこむ。
11
おって
もどす
12
中《なか》わりおり
ポイント
かくだい
中《なか》わり
おり
13
うらも同《おな》じにおる
14
むきをかえる
できあがり

サンタクロース

レベル ★★★★☆

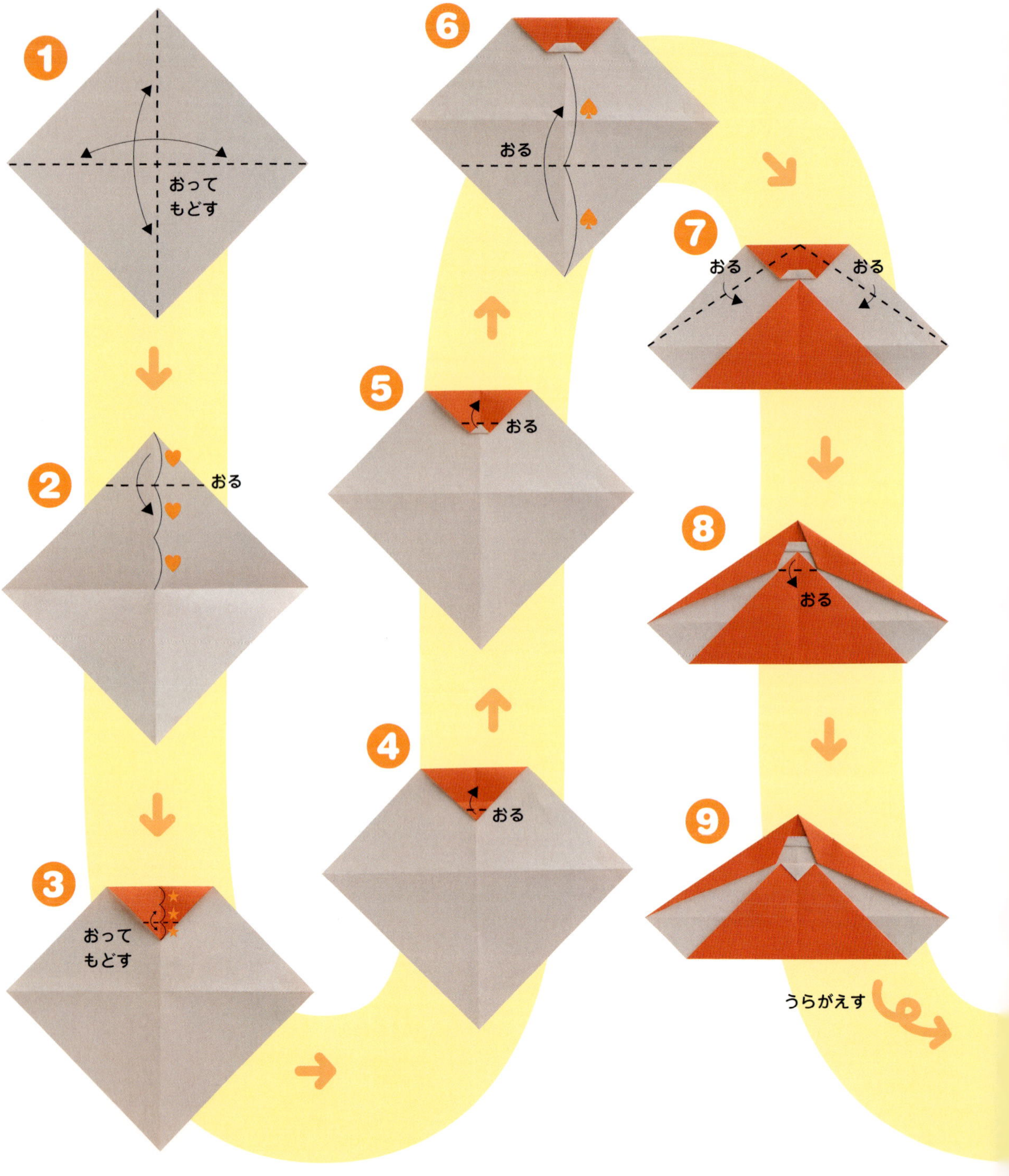
1
おって
もどす
2
おる
3
おって
もどす
4
おる
5
おる
6
おる
7
おる
おる
8
おる
9
うらがえす

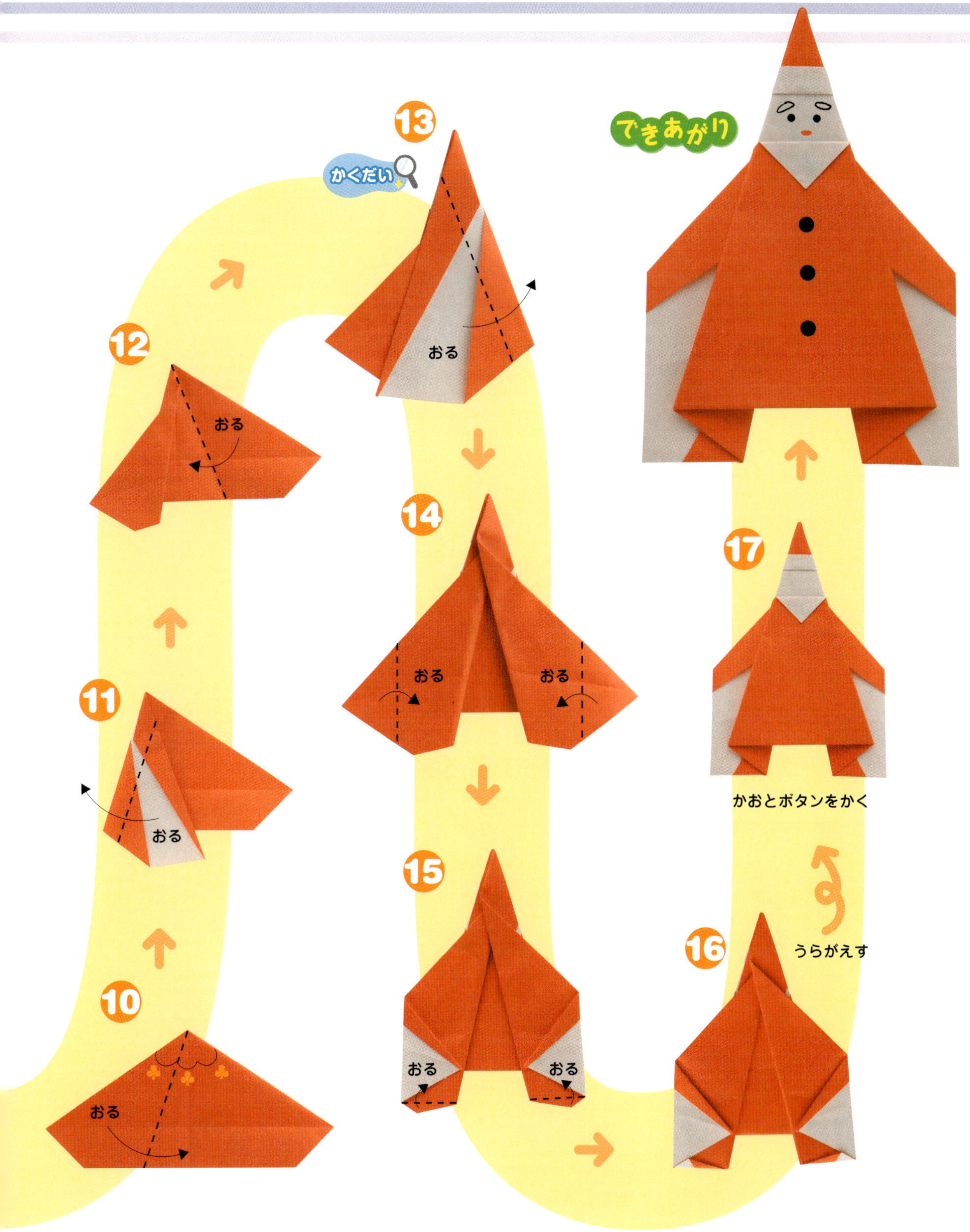
10
おる
11
おる
12
おる
13
かくだい
おる
14
おる
おる
15
おる
おる
16
うらがえす
17
かおとボタンをかく
できあがり

ステッキ

レベル ★☆☆☆☆

1
おって
もどす
2
おる
3
うらがえす
4
おる
5
おる
6
まくように
おる
7
むきをかえる
むきをかえる
8
おる
9
うらがわに
おる
できあがり

リース

レベル ★★☆☆☆

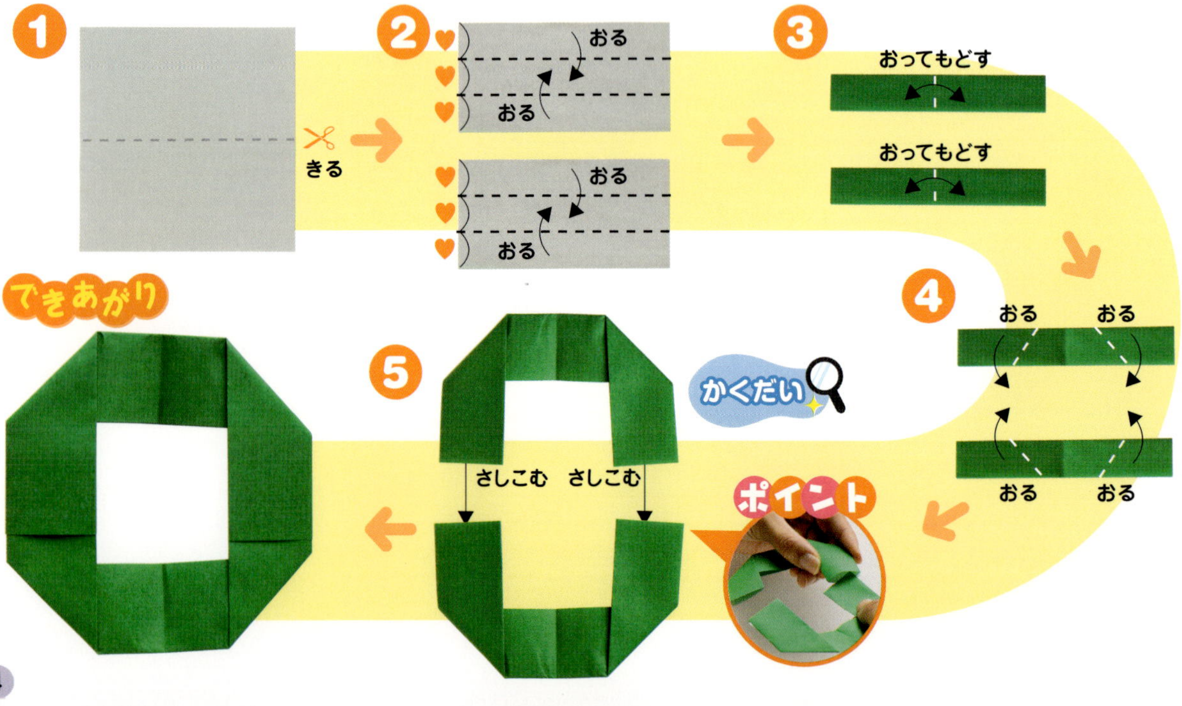

1
きる
2
おる
おる
おる
おる
3
おってもどす
おってもどす
4
おる
おる
おる
おる
5
さしこむ
さしこむ
かくだい
ポイント
できあがり

サンタ手紙《てがみ》をおってみよう

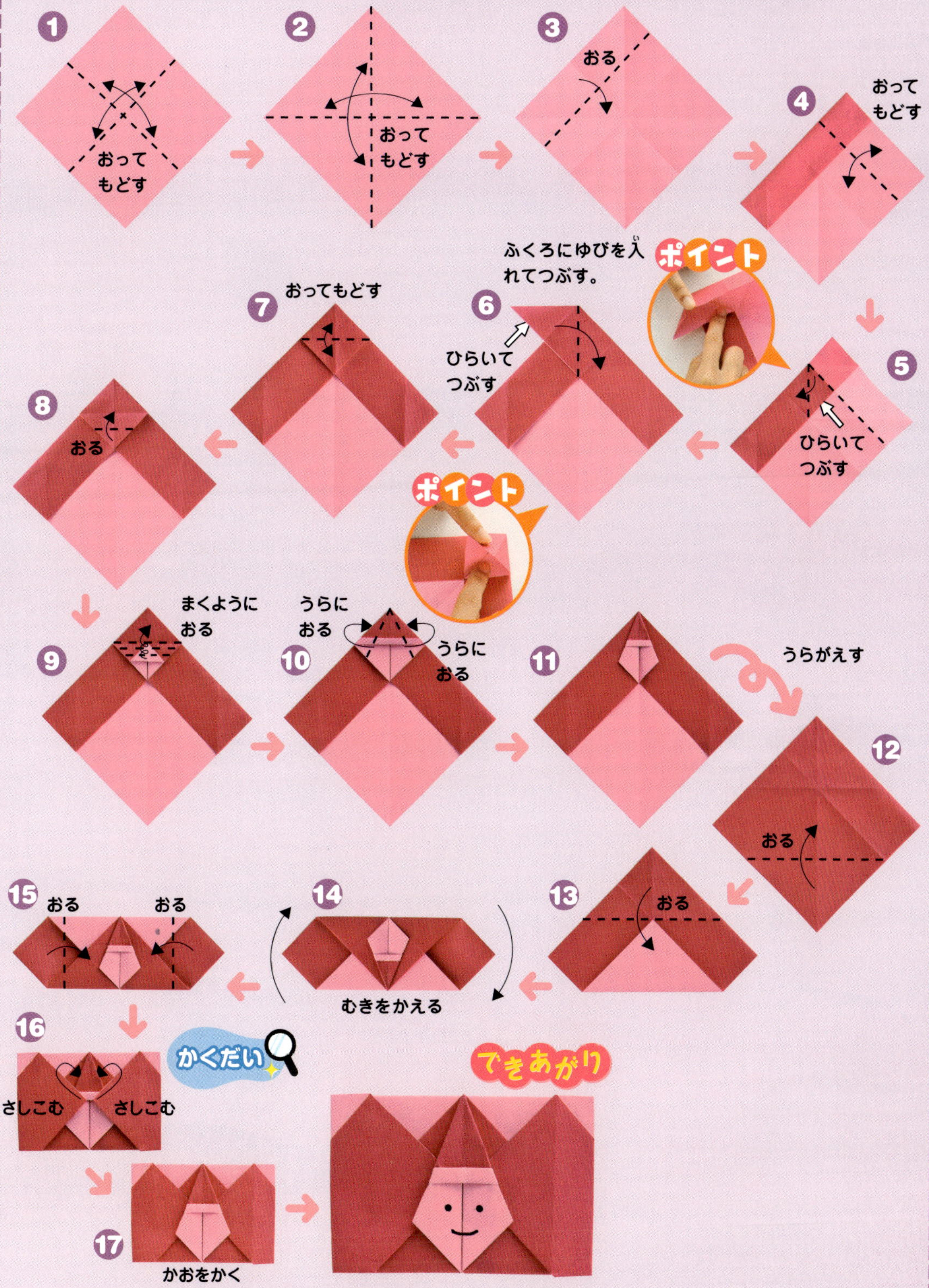
1
おって
もどす
2
おって
もどす
3
おる
4
おって
もどす
5
ひらいて
つぶす
ふくろにゆびを入《い》
れてつぶす。
ポイント
6
ひらいて
つぶす
ポイント
7
おってもどす
8
おる
9
まくようにおる
10
うらにおる
うらにおる
11
うらがえす
12
おる
13
おる
14
むきをかえる
15
おる
おる
16
かくだい
さしこむ
さしこむ
17
かおをかく
できあがり

お正《しょう》月《がつ》

1月《がつ》1日《ついたち》。1年《ねん》のはじまりの日《ひ》です。元日《がんじつ》ともいいます。

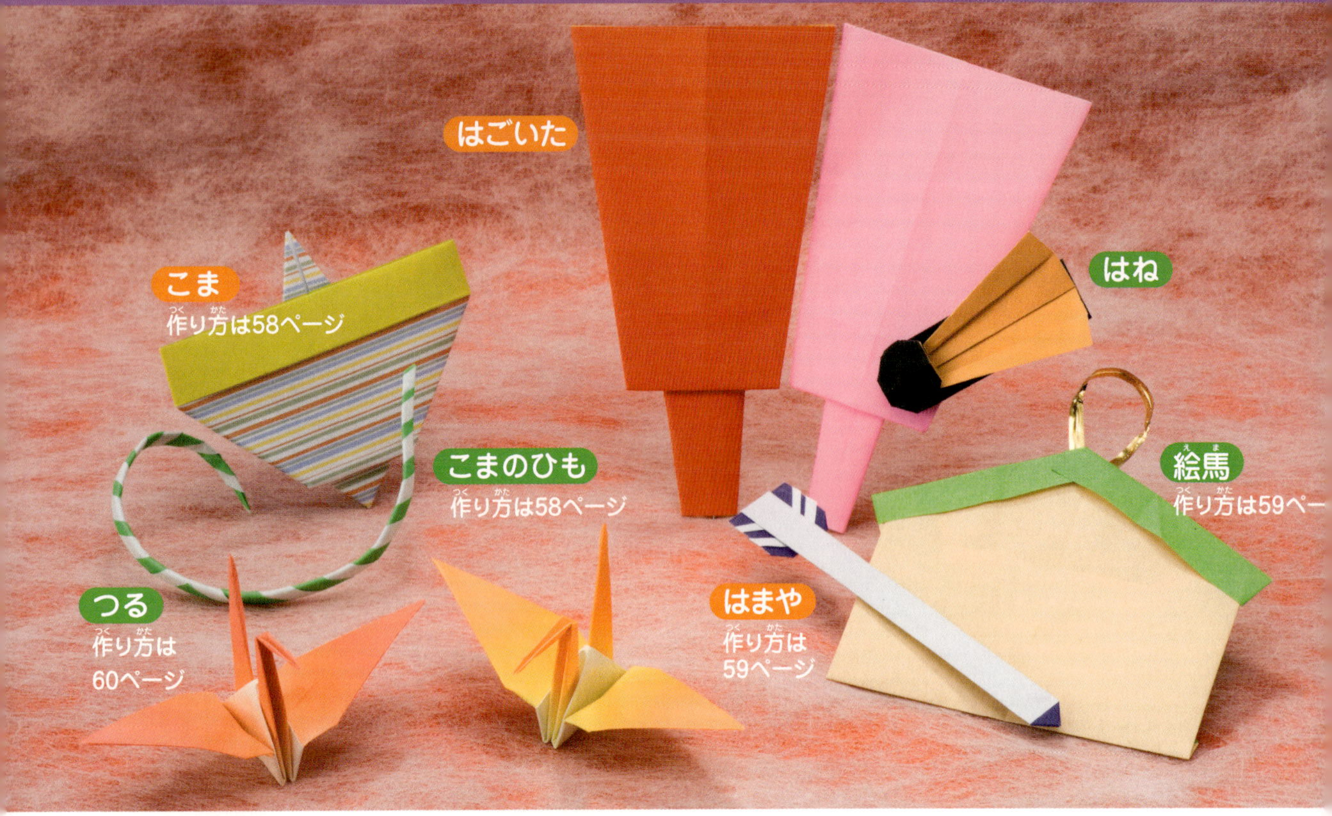

はごいた
はね
こま
作《つく》り方《かた》は58ページ
こまのひも
作《つく》り方《かた》は58ページ
絵馬《えま》
作《つく》り方《かた》は59ペー
つる
作《つく》り方《かた》は60ページ
はまや
作《つく》り方《かた》は59ページ

はごいた

レベル ★★☆☆☆

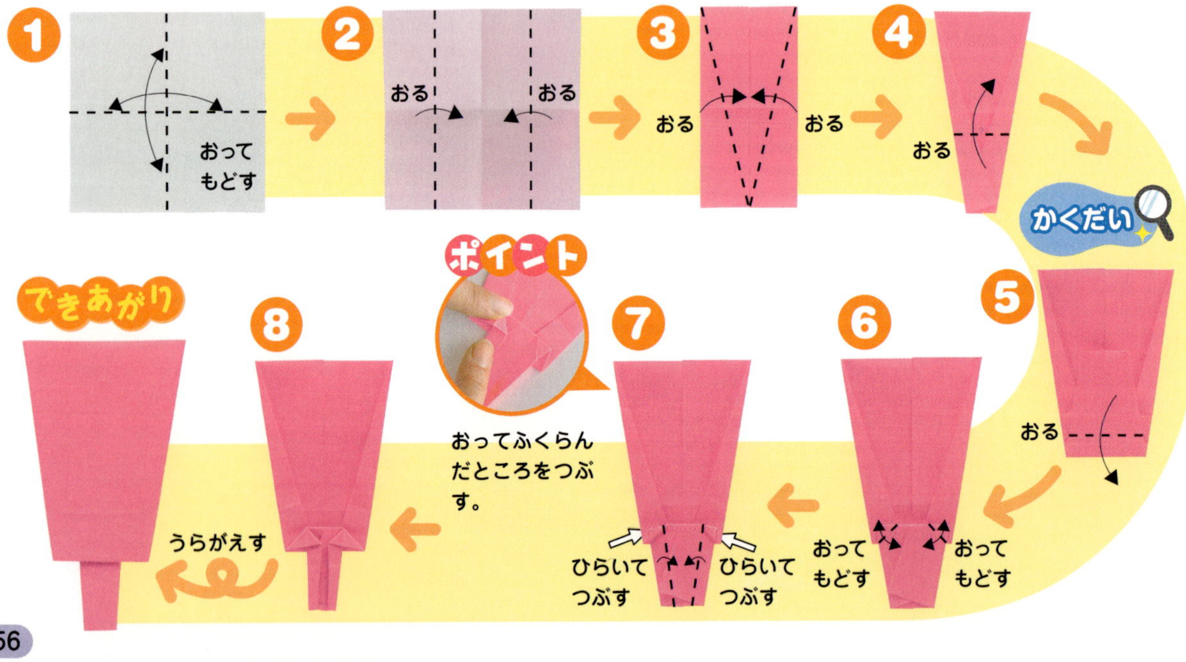

1
おってもどす
2
おる
おる
3
おる
おる
4
おる
かくだい
5
おる
6
おってもどす
おってもどす
7
ひらいてつぶす
ひらいてつぶす
ポイント
おってふくらんだところをつぶす。
8
うらがえす
できあがり

はね

レベル

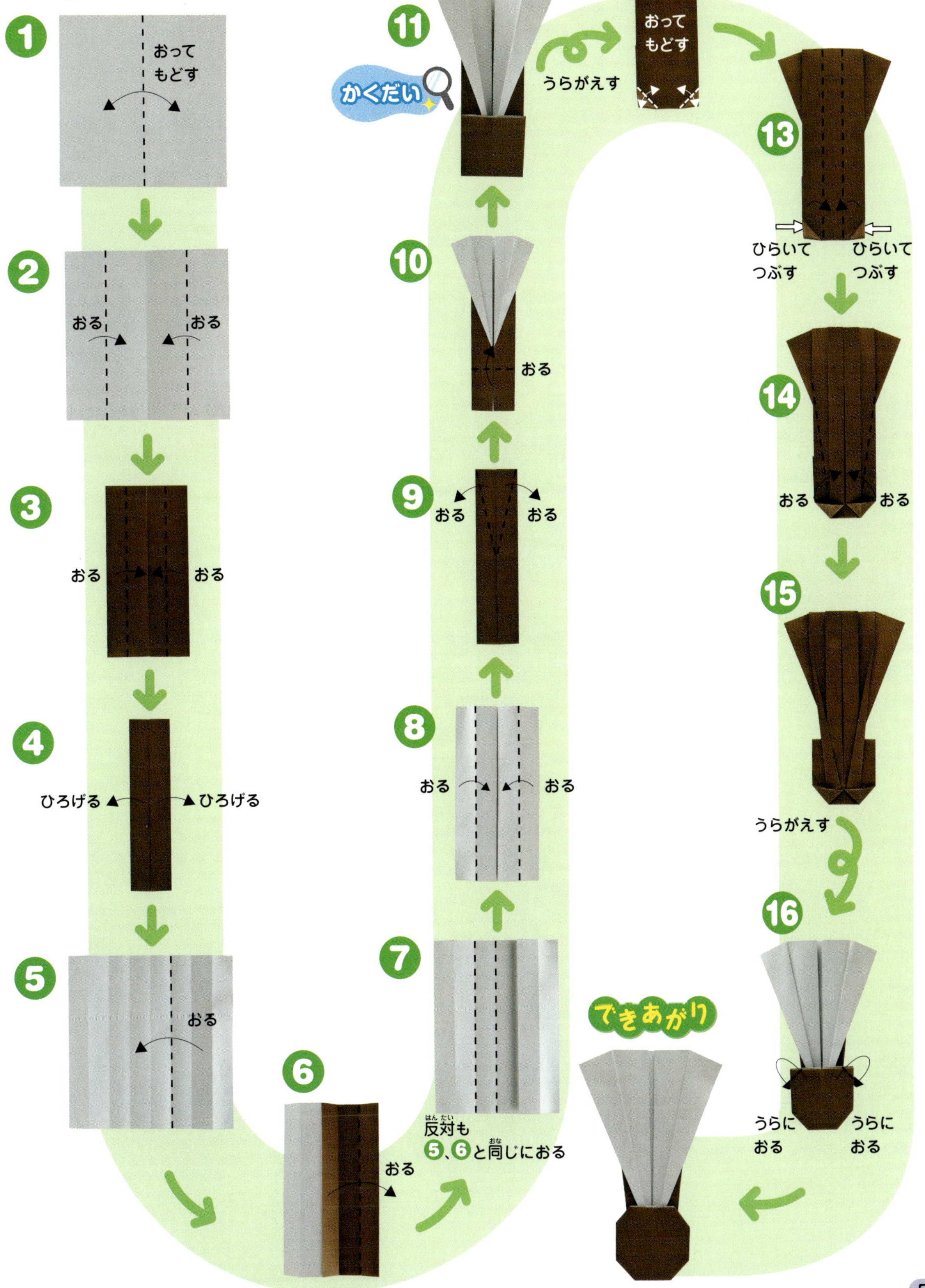

1
おって
もどす
2
おる
おる
3
おる
おる
4
ひろげる
ひろげる
5
おる
6
おる
7
反対《はんたい》も
5、6と同《おな》じにおる
8
おる
おる
9
おる
おる
10
おる
11
かくだい
うらがえす
12
おって
もどす
13
ひらいて
つぶす
ひらいて
つぶす
14
おる
おる
15
うらがえす
16
うらに
おる
うらに
おる
できあがり

こま

レベル

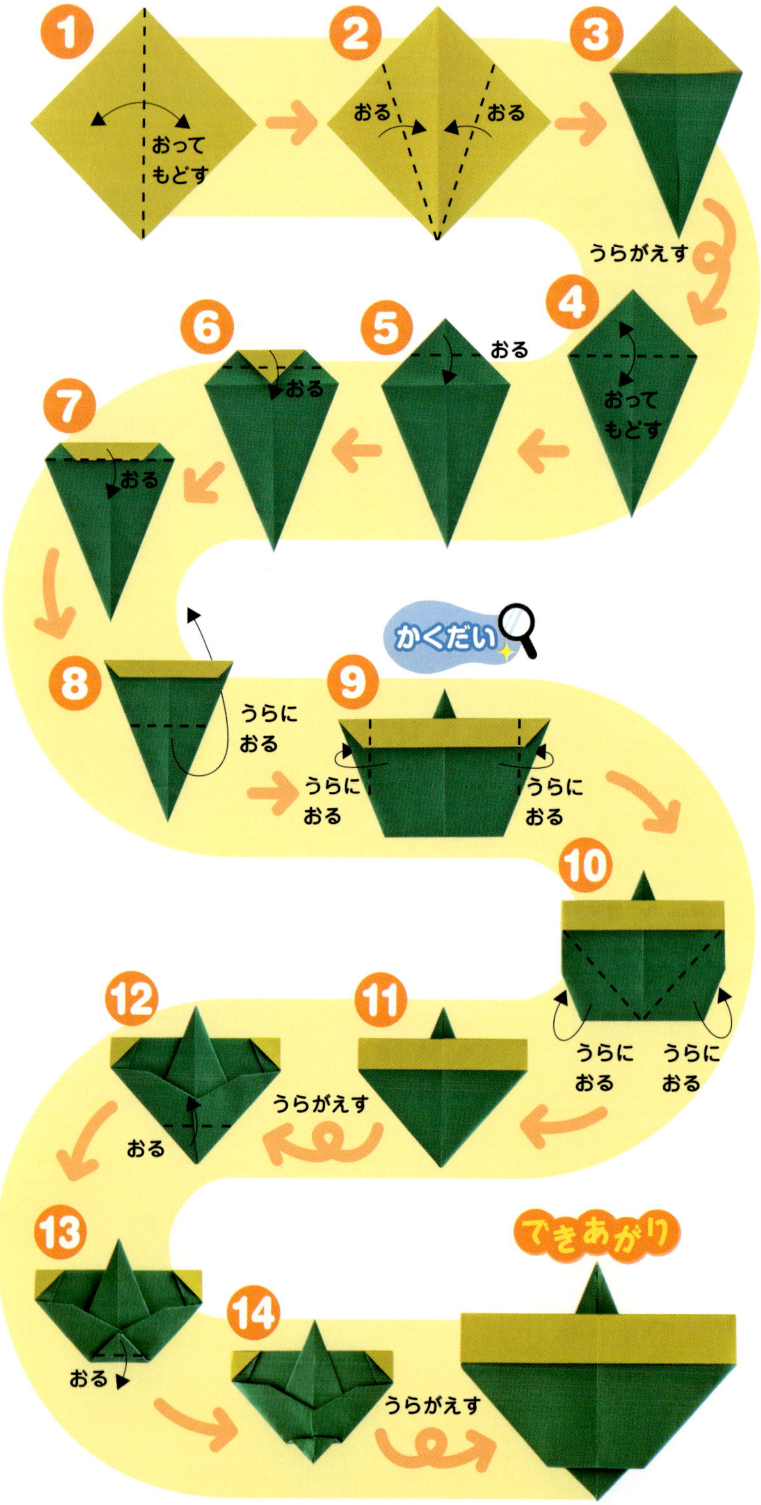
1
おって
もどす
2
おる
おる
3
うらがえす
4
おって
もどす
5
おる
6
おる
7
おる
8
うらに
おる
9
かくだい
うらに
おる
うらに
おる
10
うらに
おる
うらに
おる
11
うらがえす
12
おる
13
おる
14
うらがえす
できあがり

こまのひも

レベル

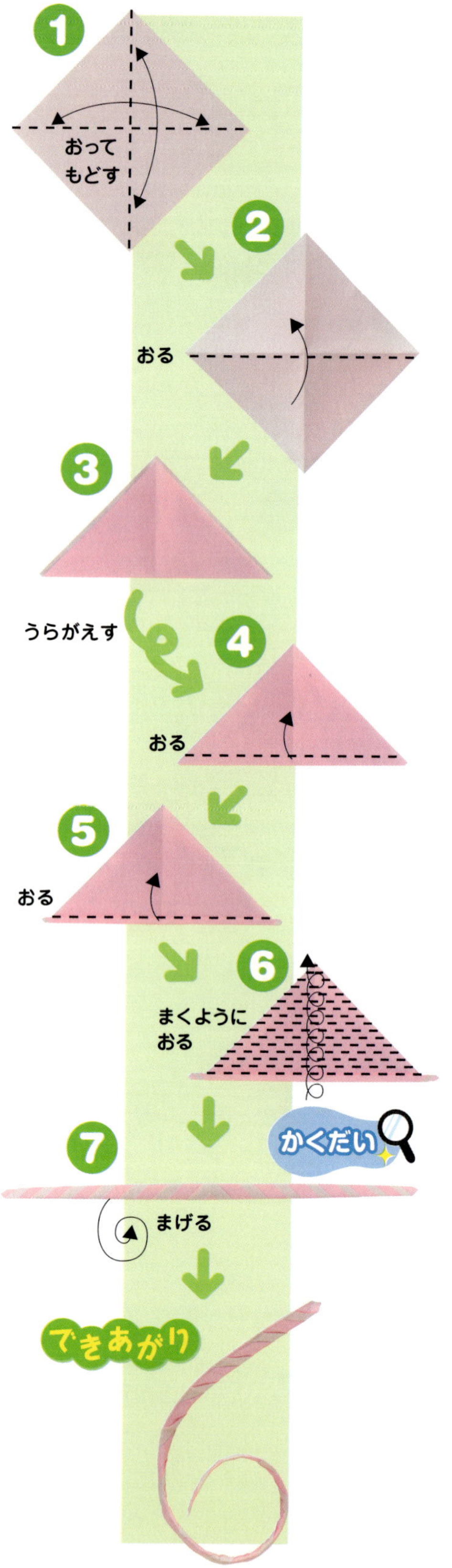
1
おって
もどす
2
おる
3
うらがえす
4
おる
5
おる
6
まくように
おる
かくだい
7
まげる
できあがり

はまや

レベル ★★★☆☆

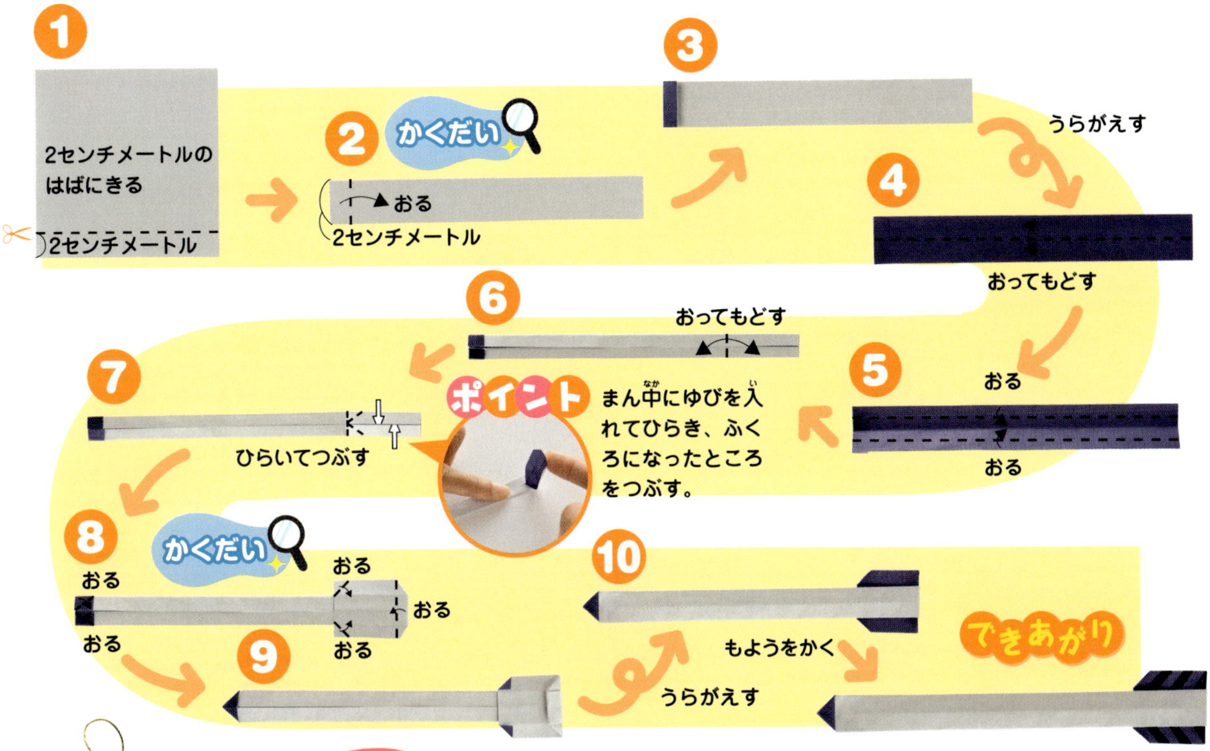

1
2センチメートルの
はばにきる
2センチメートル
2
かくだい
おる
2センチメートル
3
うらがえす
4
おってもどす
5
おる
おる
6
おってもどす
ポイント
まん中《なか》にゆびを入《い》
れてひらき、ふく
ろになったところ
をつぶす。
7
ひらいてつぶす
8
かくだい
おる
おる
おる
おる
おる
9
うらがえす
10
もようをかく
できあがり

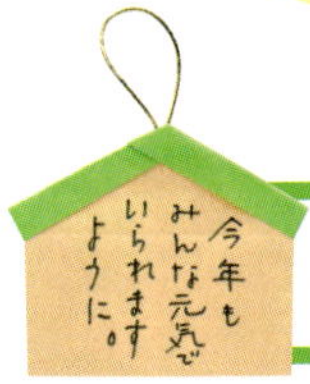

絵《え》馬《ま》

レベル ★★★☆☆

1
おって
もどす
2
おって
もどす
3
おる
おる
4
うら
がえす
5
おる
おる
6
かくだい
おって
もどす
おって
もどす
7
ひらいて
つぶす
ひらいて
つぶす
ポイント
ふくろにゆびを
入《い》れてつぶす
8
おる
おる
9
おる
おる

10
おる
11
うらがえす
できあがり

絵《え》馬《ま》に願《ねが》いごとをかこう!

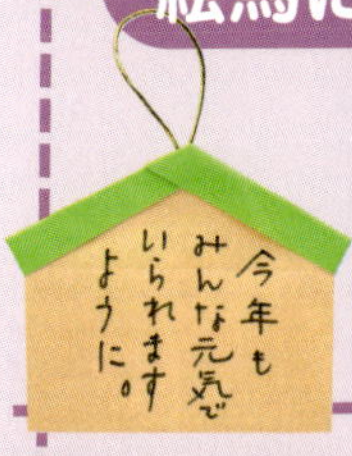

絵《え》馬《ま》は神《かみ》さまへの願《ねが》いごとを書《か》く木《き》の板《いた》のこと。馬《うま》は神《かみ》さまの乗《の》りものとされてました。

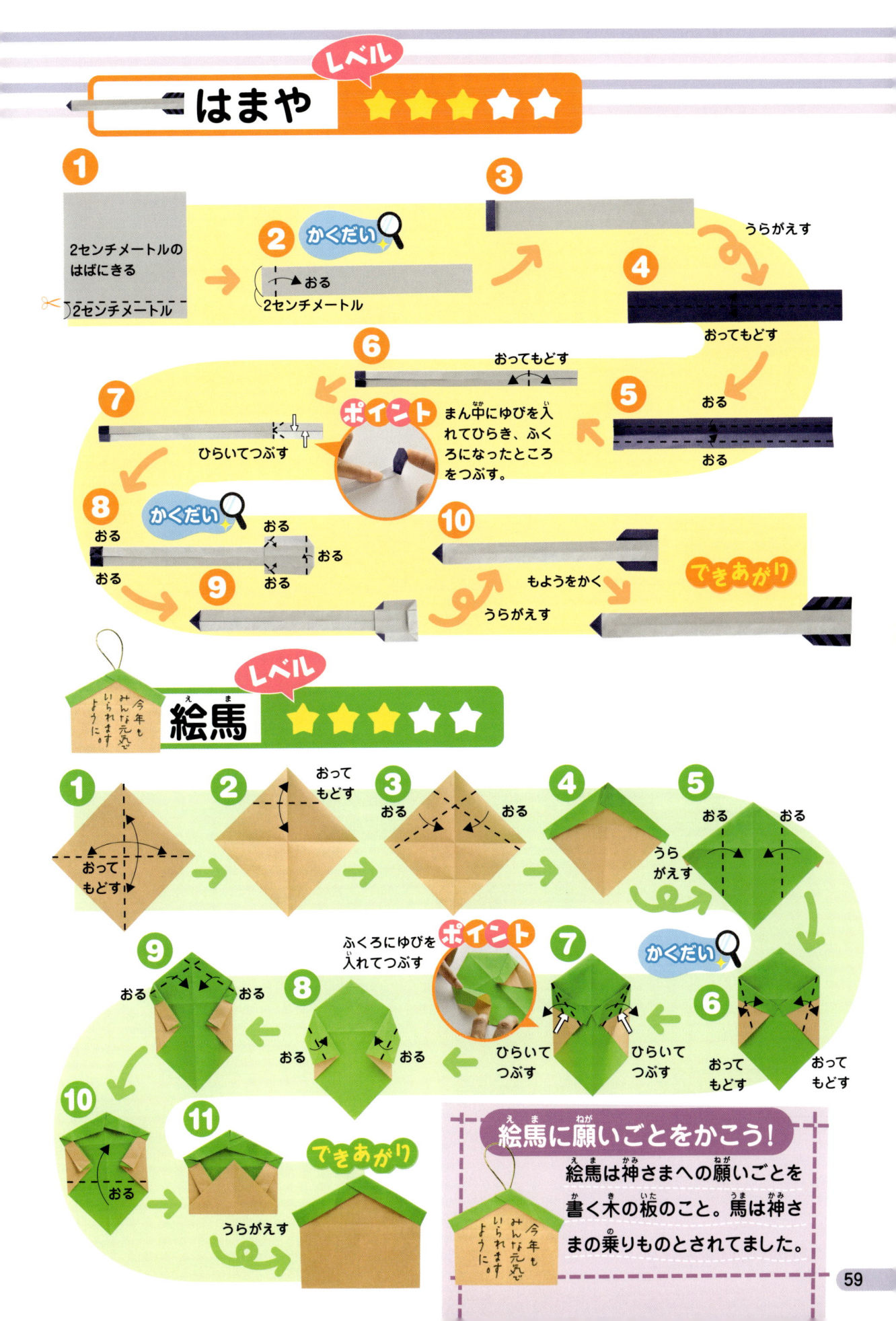

つる

レベル ★★★☆☆

つるおりの基本《きほん》

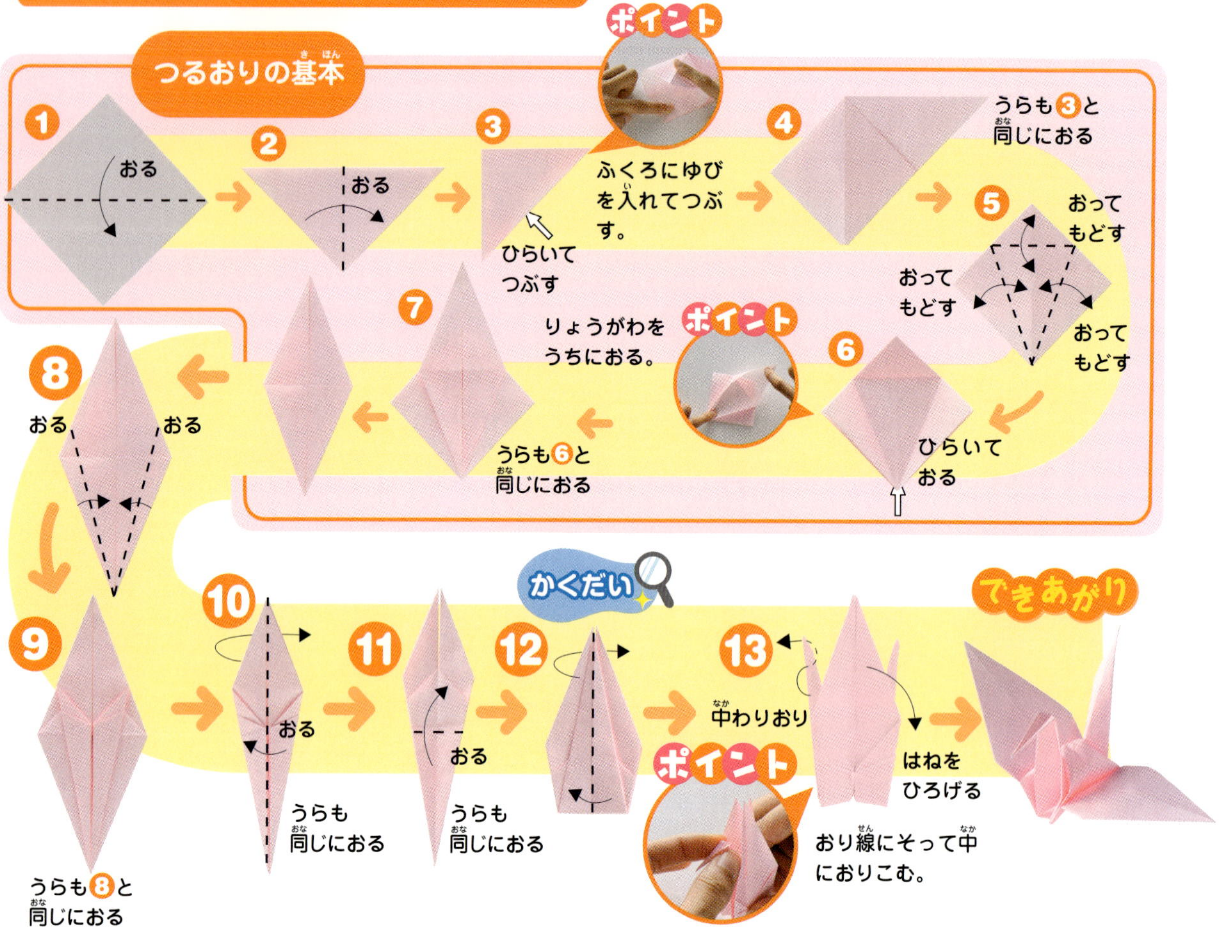

1
おる
2
おる
3
ひらいて
つぶす
ポイント
ふくろにゆび
を入《い》れてつぶ
す。
4
うらも3と
同《おな》じにおる
5
おって
もどす
おって
もどす
おって
もどす
6
ひらいて
おる
ポイント
りょうがわを
うちにおる。
うらも6と
同《おな》じにおる
7
8
おる
おる
9
うらも8と
同《おな》じにおる
10
おる
うらも
同《おな》じにおる
11
おる
うらも
同《おな》じにおる
かくだい
12
13
中《なか》わりおり
ポイント
おり線《せん》にそって中《なか》
におりこむ。
はねを
ひろげる
できあがり

2種類《しゅるい》の紅白《こうはく》づるをおってみよう

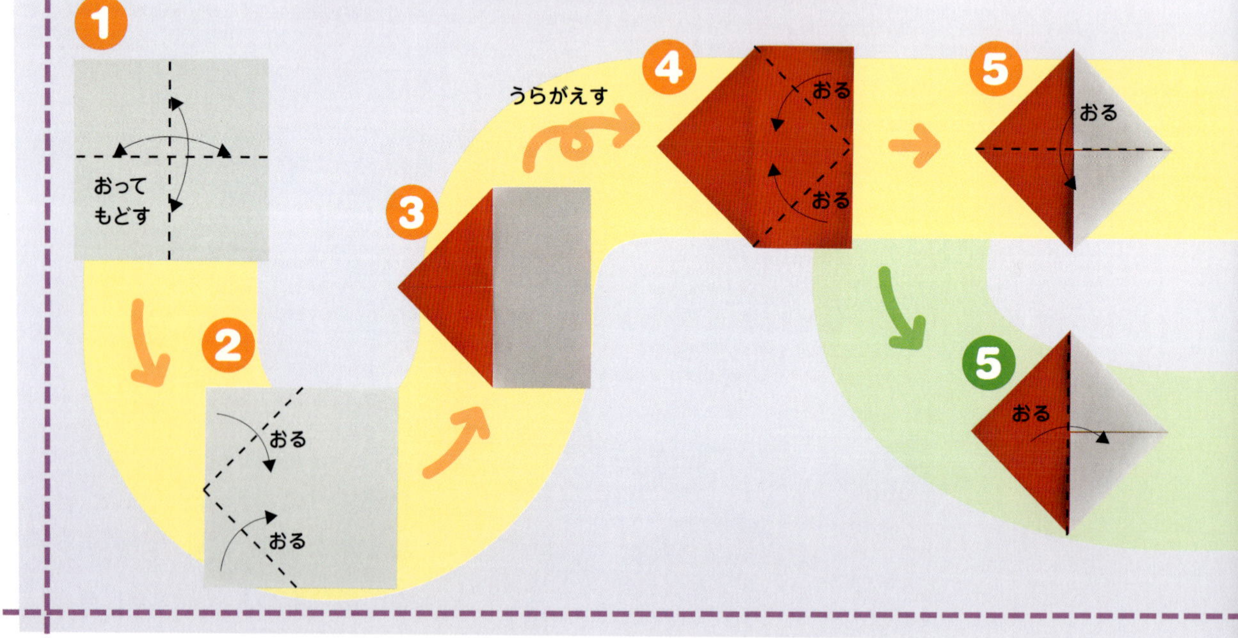

1
おって
もどす
2
おる
おる
3
うらがえす
4
おる
おる
5
おる
5
おる

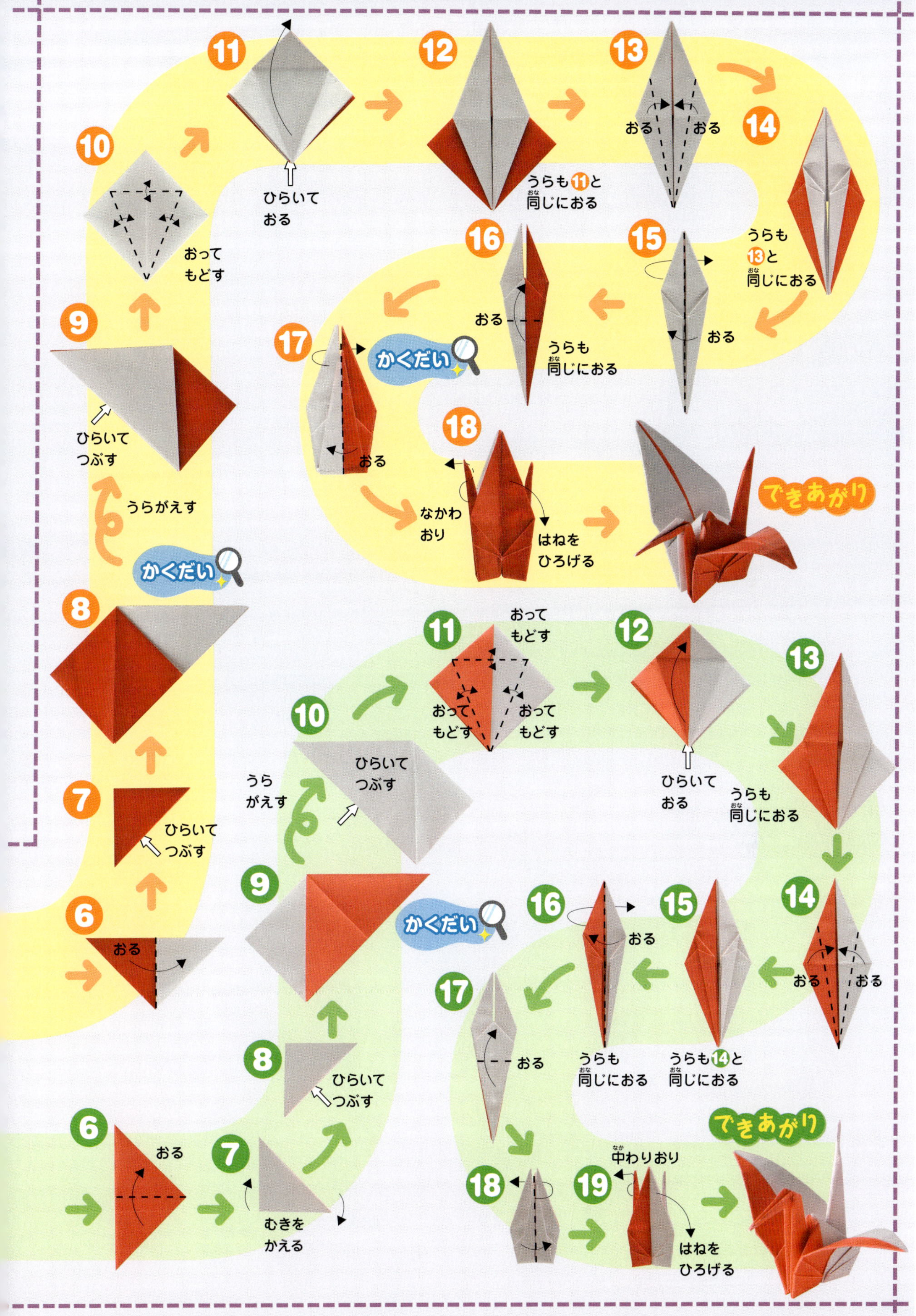
6
おる
7
ひらいて
つぶす
8
かくだい
うらがえす
9
ひらいて
つぶす
10
おって
もどす
11
ひらいて
おる
12
うらも11と
同《おな》じにおる
13
おる
おる
14
うらも
13と
同《おな》じにおる
15
おる
16
おる
うらも
同《おな》じにおる
17
かくだい
おる
18
なかわ
おり
はねを
ひろげる
できあがり
6
おる
7
むきを
かえる
8
ひらいて
つぶす
9
かくだい
うら
がえす
10
ひらいて
つぶす
11
おって
もどす
おって
もどす
おって
もどす
12
ひらいて
おる
13
うらも
同《おな》じにおる
14
おる
おる
15
うらも14と
同《おな》じにおる
16
おる
うらも
同《おな》じにおる
17
おる
18
19
中《なか》わりおり
はねを
ひろげる
できあがり

節《せつ》 分《ぶん》

節分《せつぶん》は２月《がつ》３日《みっか》ごろ。わるさをするおにに豆《まめ》をぶつけてたいじし、ふくをよぶ行事《ぎょうじ》です。

青《あお》おに
ふく
赤《あか》おに
ます

ます
作《つく》り方《かた》は64ページ

赤《あか》おに

レベル ★★☆☆☆

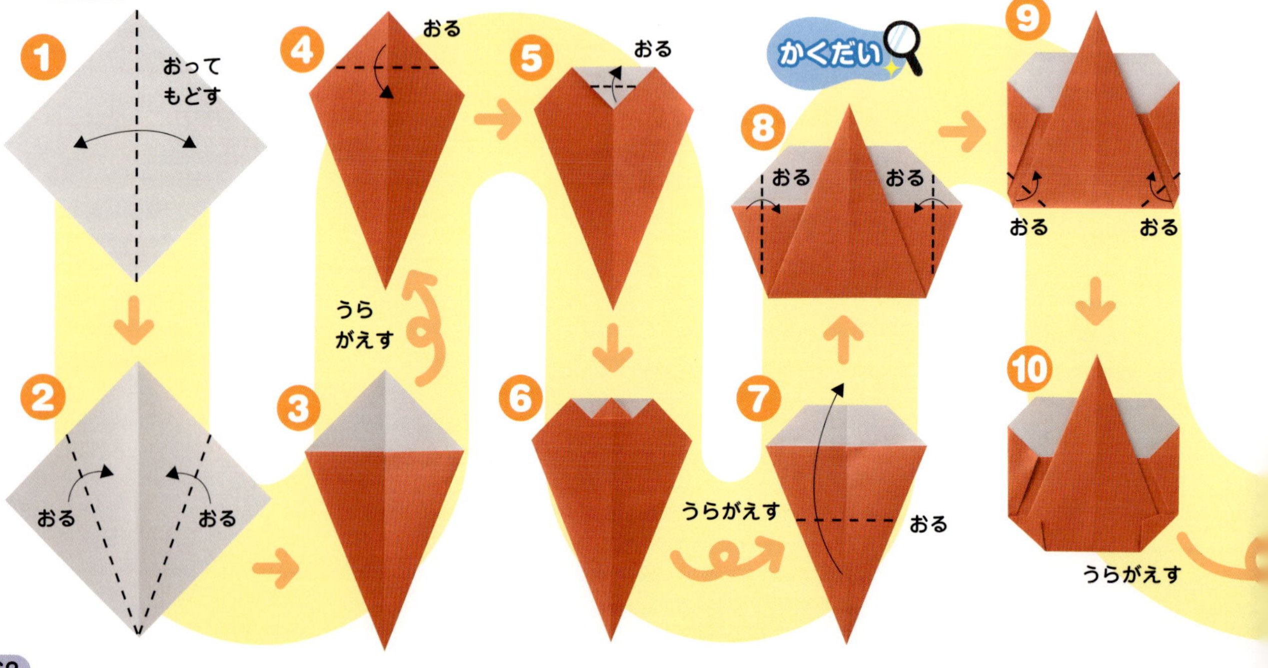

1
おって
もどす
2
おる
おる
3
うら
がえす
4
おる
5
おる
6
7
うらがえす
おる
かくだい
8
おる
おる
9
おる
おる
10
うらがえす

青《あお》おに

レベル ★★☆☆☆

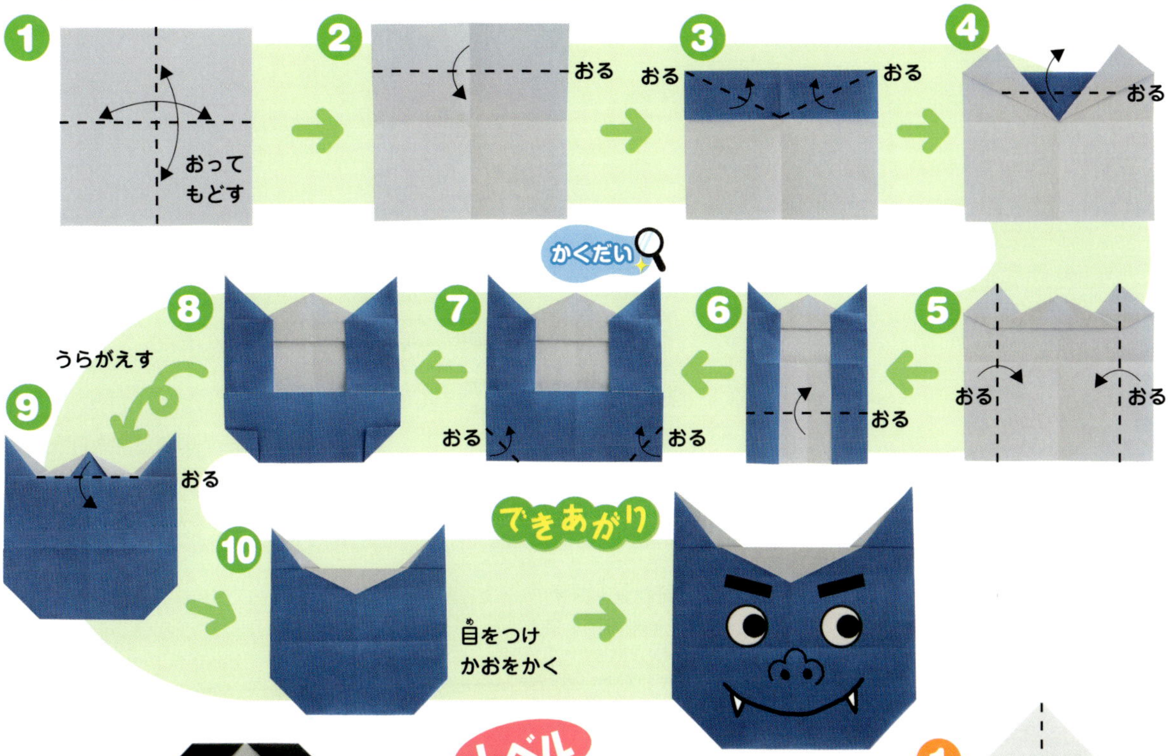

1
おって
もどす
2
おる
3
おる
おる
4
おる
5
おる
おる
6
おる
かくだい
7
おる
おる
8
うらがえす
9
おる
10
目《め》をつけ
かおをかく
できあがり

ふく

レベル ★★☆☆☆

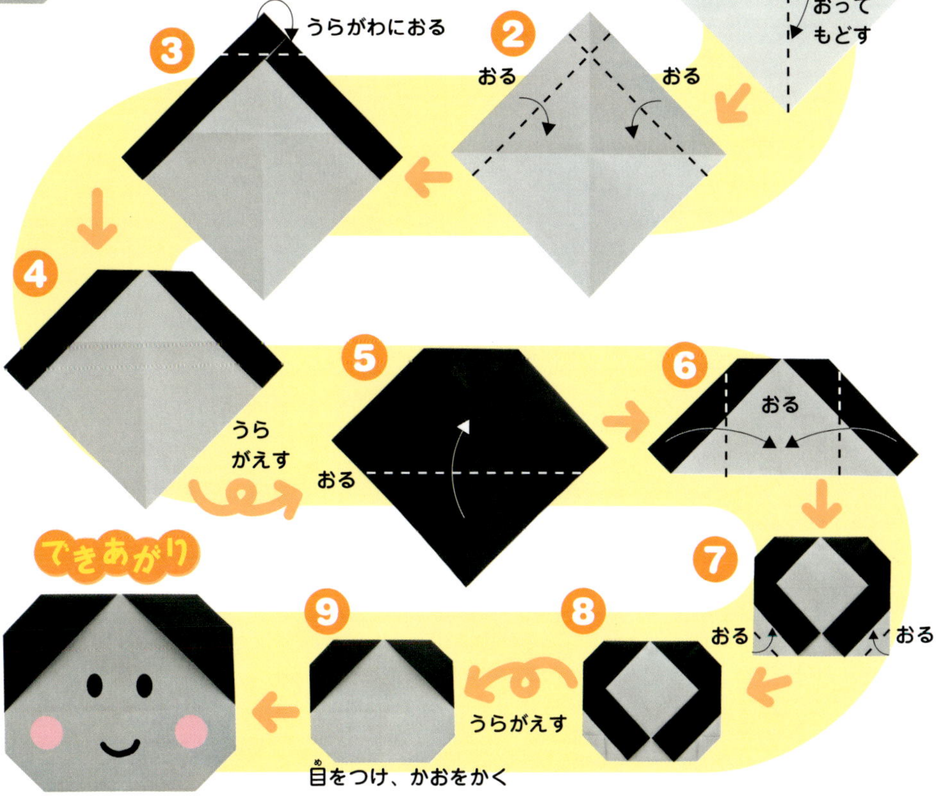

1
おって
もどす
2
おる
おる
3
うらがわにおる
4
うら
がえす
5
おる
6
おる
7
おる
おる
8
うらがえす
9
目《め》をつけ、かおをかく
できあがり

できあがり
12
11
目《め》をつけ、かおをかく

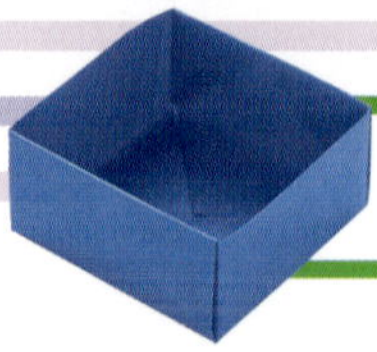

ます

レベル ★★★★☆

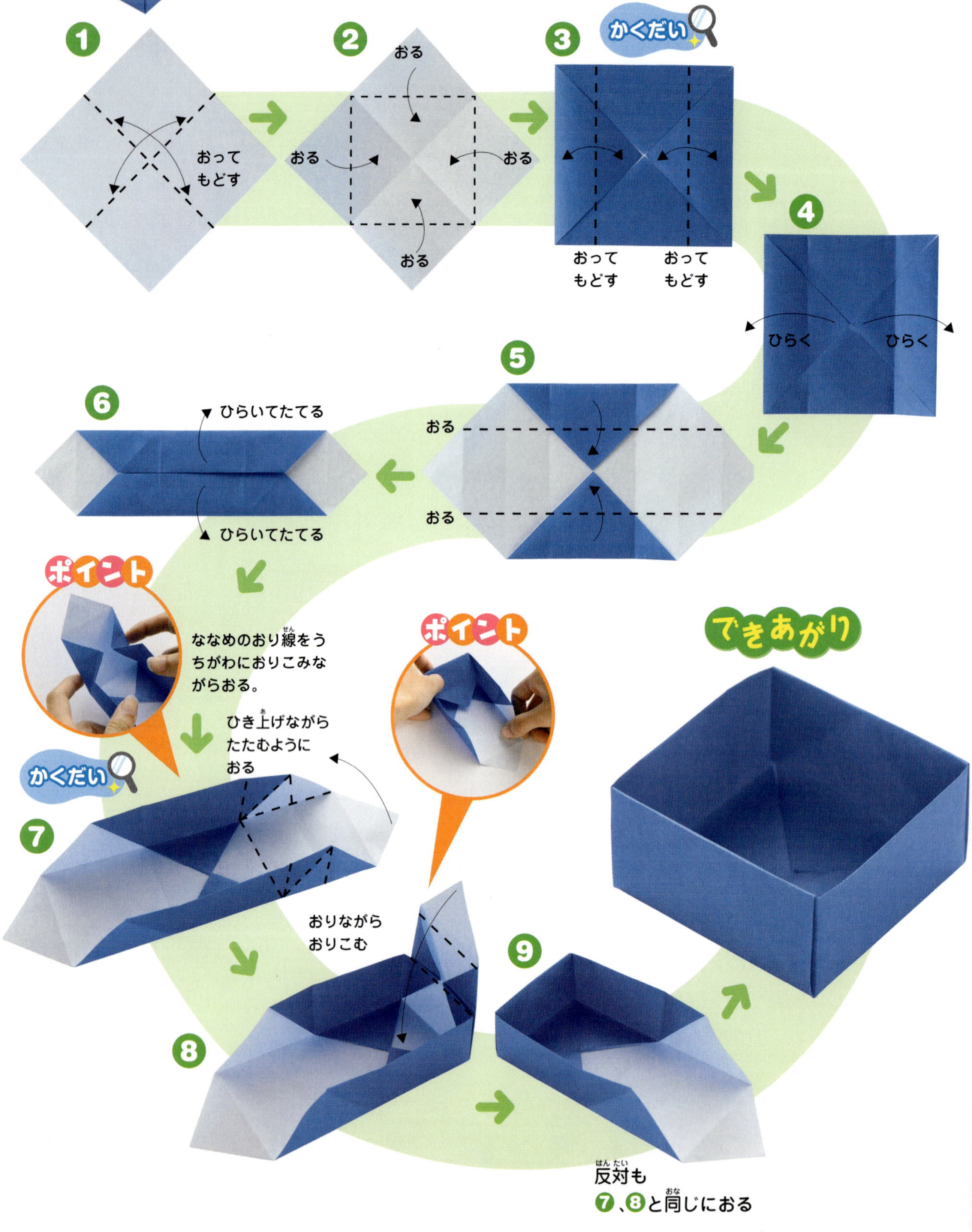

1
おって
もどす
2
おる
おる
おる
おる
3
かくだい
おって
もどす
おって
もどす
4
ひらく
ひらく
5
おる
おる
6
ひらいてたてる
ひらいてたてる
ポイント
ななめのおり線《せん》をうちがわにおりこみながらおる。
ひき上《あ》げながらたたむようにおる
かくだい
7
ポイント
おりながらおりこむ
8
9
できあがり
反対《はんたい》も
7、8と同《おな》じにおる

暦《こよみ》と きせつ について わかるかな

春《はる》はいつからはじまる？

この本《ほん》では、新暦《しんれき》（今《いま》つかっているもの）に合《あ》わせて、3～5月《がつ》を春《はる》、6～8月《がつ》を夏《なつ》、9～11月《がつ》を秋《あき》、12月《がつ》～2月《がつ》を冬《ふゆ》としています。「はい句《く》」でつかう季語《きご》（きせつをあらわすことば）は、旧暦《きゅうれき》（むかしのこよみ）で1～3月《がつ》が春《はる》。つまり4月《がつ》は夏《なつ》です。

体育《たいいく》の日《ひ》はどうして秋《あき》（10月《がつ》）なのかな？

1964年《ねん》に東京《とうきょう》でオリンピックがひらかれました。気象庁《きしょうちょう》のしらべで、10月《がつ》10日《か》が、いちばん晴《は》れやすいとわかりました。そこで、この日《ひ》が開会式《かいかいしき》の日《ひ》になりました。記念《きねん》して10月《がつ》10日《か》が体育《たいいく》の日《ひ》になったのです（2000年《ねん》からは10月《がつ》の第《だい》2月《げつ》曜日《ようび》に）。たしかに秋《あき》の空《そら》は「秋晴《あきば》れ」といわれ、きれいですね。

しょ中《ちゅう》お見《み》まいのはがきは、なぜ出《だ》す日《ひ》がかぎられているの？

立秋《りっしゅう》（8月《がつ》8日《か》ごろ。こよみの上《うえ》での秋《あき》）の前日《ぜんじつ》までに出《だ》します。しょ中《ちゅう》お見《み》まいは、あつい夏《なつ》のごあいさつなので、こよみのうえで、秋《あき》になったら出《だ》さないのです。立秋《りっしゅう》をすぎたら「ざんしょお見《み》まい」として出《だ》します。

12月《がつ》を師走＝しわすというけど、なぜ？

3月《がつ》の弥生＝やよいや、5月《がつ》の皐月＝さつきも聞《き》いたことがありますね。これは月《つき》のうごきで作《つく》ったこよみ（太陰暦《たいいんれき》）でのよび名《な》が、今《いま》ものこっているのです。今《いま》はたいようのうごきをもとに作《つく》ったものです。

こよみやきせつを感《かん》じる心《こころ》は日本人《にほんじん》として、とても大切《たいせつ》です。

きせつのおり紙《がみ》をおると、その心《こころ》がそだちますね。

きせつのクイズ

おうちの方《かた》へ

行事《ぎょうじ》の歴史《れきし》や由来《ゆらい》には、諸説《しょせつ》あることもあります。ここでは代表的《だいひょうてき》なことをクイズにしています。

いくつ答《こた》えられるかな？
答《こた》えは78ページにあります。

春《はる》

クイズ1

ひなまつりにかざる花《はな》は何《なに》？

1 さくら　2 もも　3 うめ

クイズ2

ひなまつりでかざるおもちはどっち？

1 かがみもち
2 ひしもち

クイズ3

入学式《にゅうがくしき》は世界中《せかいじゅう》みんな春《はる》に行《おこな》われる。
うそ？　ほんと？

1 うそ　2 ほんと

クイズ4

お花見《はなみ》といえば、今《いま》は桜《さくら》の花《はな》を見《み》ること。
でも、昔《むかし》は梅《うめ》の花《はな》を見《み》ていた。
うそ？　ほんと？

1 うそ　2 ほんと

クイズ5

たんごの節句《せっく》に入《はい》るおふろは何湯《なにゆ》というかな？

1 しょうぶ湯《ゆ》　2 ゆず湯《ゆ》

クイズ6

母《はは》の日《ひ》に贈《おく》る花《はな》は何《なに》かな？

1 チューリップ
2 カーネーション
3 バラ

夏《なつ》

クイズ 7

おり姫《ひめ》は、あることがとても上手《じょうず》だったといわれています。何《なに》が上《じょう》手《ず》だったのかな？

1 はた織《お》り
2 せんたく
3 そうじ

クイズ 8

梅雨《つゆ》に入《はい》って、肌《はだ》ざむい日《ひ》のことを何《なん》という？

1 梅雨《つゆ》の中休《なかやす》み
2 梅雨冷《つゆび》え
3 から梅雨《つゆ》

クイズ 9

暑《あつ》い日《ひ》に、水《みず》をまくとそのまわりは温度《おんど》が下《さ》がる。うそ？　ほんと？

1 うそ
2 ほんと

クイズ 10

海《うみ》が青《あお》く見《み》えるのは、太陽《たいよう》のひかりの中《なか》で青《あお》い色《いろ》だけが見《み》えているから。うそ？　ほんと？

1 うそ　2 ほんと

クイズ 11

かまきりは、めすよりおすのほうが体《からだ》が大《おお》きい。
うそ？　ほんと？

1 うそ
2 ほんと

クイズ 12

きんぎょすくいで、きんぎょをすくう紙《かみ》がはられた道具《どうぐ》を何《なん》という？

1 ポイ
2 カイ
3 紙《かみ》すくい

秋《あき》

クイズ 13

お月見《つきみ》のときにそなえるだんごは、何《なに》で作《つく》られているかな？

❶ 小麦粉《こむぎこ》　❷ 米《こめ》　❸ 片栗粉《かたくりこ》

クイズ 14

お月見《つきみ》でそなえる食《た》べものはだんごのほかに、何《なに》があるかな？

❶ 月見《つきみ》うどん
❷ さといも
❸ いちご

クイズ 15

お月見《つきみ》のときにかざる植物《しょくぶつ》といえば何《なに》？

❶ バラ
❷ 彼岸花《ひがんばな》
❸ すすき

クイズ 16

ハロウィンで顔《かお》の形《かたち》にくり抜《ぬ》いたかぼちゃのランタンをかざるのは、なぜ？

❶ ま女《じょ》や精霊《せいれい》たちを追《お》い払《はら》うため
❷ お祭《まつ》りをはなやかにするため
❸ かぼちゃがたくさんとれるから

クイズ 17

秋《あき》になると、どんな木《こ》の葉《は》も赤《あか》や黄色《きいろ》にかわる。うそ？　ほんと？

❶ うそ
❷ ほんと

クイズ 18

「におい松茸《まつたけ》、あじ○○○」と昔《むかし》からいわれます。○○○に入る3文字《もじ》の食《た》べものは何《なに》？

❶ ごぼう　❷ トマト　❸ しめじ

冬《ふゆ》

クイズ 19

クリスマスツリーに使《つか》う木《き》は何《なん》の木《き》？

1. からまつ木《き》
2. もみの木《き》
3. りんごの木《き》

クイズ 20

クリスマスに食《た》べる肉《にく》といえば何《なに》？

1. 七面鳥《しちめんちょう》
2. ダチョウ
3. かも

クイズ 21

なぜ「お正月《しょうがつ》」っていうのかな？

1. 年《とし》のはじめで生活《せいかつ》を正《ただ》すから
2. お正月様《しょうがつさま》という神様《かみさま》がやってくるから
3. 1年《ねん》のはじめの月《つき》だから

クイズ 22

おせち料理《りょうり》に入《はい》っている料理《りょうり》にはいろいろな願《ねが》いが込《こ》められています。「黒《くろ》まめ」はどんな意味《いみ》かな？

1. 健康《けんこう》でまめに働《はたら》けるように
2. 長《なが》生《い》きできるように
3. 将来《しょうらい》のことが見通《みとお》せるように

クイズ 23

どうして節分《せつぶん》に豆《まめ》をまくのかわかるかな？

1. 豆《まめ》がおいしいから
2. 豆《まめ》は春《はる》をよぶ食《た》べ物《もの》だから
3. 豆《まめ》には、悪《わる》いものをはらい福《ふく》を呼《よ》ぶ力《ちから》があるといわれているから

クイズ 24

節分《せつぶん》のときにかざるヒイラギのえだにさす魚《さかな》の頭《あたま》は何《なに》かな？

1. あじ
2. いわし
3. さけ

きせつのうた

春《はる》 うれしいひなまつり

作詞／サトウハチロー　　作曲／河村光陽

1 あかりをつけましょ　ぼんぼりに
お花《はな》をあげましょ　桃《もも》の花《はな》
五人《ごにん》ばやしの　笛《ふえ》たいこ
今日《きょう》は楽《たの》しい　ひなまつり

2 おだいりさまと　おひなさま
二人《ふたり》ならんで　すまし顔《がお》
およめにいらした　姉《ねえ》さまに
よくにた官女《かんじょ》の　白《しろ》い顔《かお》

3 金《きん》のびょうぶに　うつるひを
かすかにゆする　春《はる》の風《かぜ》
すこし白酒《しろざけ》　めされたか
赤《あか》いお顔《かお》の　右大臣《うだいじん》

4 きものをきかえて　おびしめて
今日《きょう》はわたしも　晴《は》れすがた
春《はる》のやよいの　このよき日《ひ》
何《なに》よりうれしい　ひなまつり

＊「ひなまつり」のおり紙《がみ》は8〜11ページにあります。

こいのぼり

作詞／近藤宮子　　作曲／不詳

やねより高《たか》い　こいのぼり
大《おお》きい　まごいは　お父《とう》さん
小《ちい》さい　ひごいは　子《こ》どもたち
おもしろそうに　泳《およ》いでる

5月《がつ》5日《か》のこどもの日《ひ》（端午《たんご》の節句《せっく》）は、初夏《しょか》でもあります。
この本《ほん》は、3月《がつ》〜5月《がつ》を「春《はる》」として分《わ》けたため、春《はる》になっています。

＊「こいのぼり」など、「こどもの日《ひ》」のおり紙《がみ》は17〜19ページにあります。

夏《なつ》　たなばたさま

作詞／権藤はなよ　林柳波　　作曲／下総皖一

1　ささの葉《は》　さらさら
のきばに　ゆれる
お星《ほし》さま　きらきら
金《きん》　銀《ぎん》　すなご

2　五《ご》しきの　短冊《たんざく》
わたしが　かいた
お星《ほし》さま　きらきら
空《そら》から　見《み》てる

＊「七夕《たなばた》」の「おりひめ」や「ひこぼし」などのおり紙《がみ》は22～23ページにあります。

うみ

作詞／林柳波　作曲／井上武士

1 うみは　ひろいな
おおきいな
つきが　のぼるし
ひが　しずむ

2 うみは　おおなみ
あおい　なみ
ゆれて　どこまで
つづくやら

3 うみに　おふねを
うかばして
いってみたいな
よその　くに

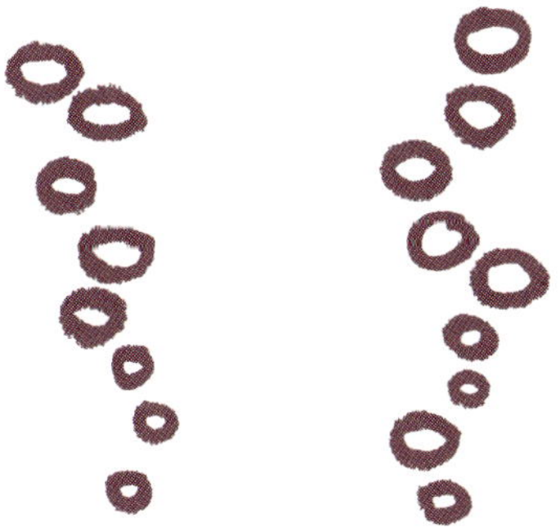

＊「海《うみ》」にいる「さかな」などの生《い》きものや「たいよう」のおり紙《がみ》は26～30ページにあります。

秋《あき》 もみじ

作詞／高野辰之　作曲／岡野貞一

1　秋《あき》の夕日《ゆうひ》に　てる山《やま》もみじ
こいもうすいも　数《かず》ある中《なか》に
松《まつ》をいろどる　かえでやつたは
山《やま》のふもとの　すそもよう

2　たにの流《なが》れに　ちりうくもみじ
波《なみ》にゆられて　はなれてよって
赤《あか》や黄色《きいろ》の　色《いろ》さまざまに
水《みず》の上《うえ》にも　おるにしき

＊「もみじ」のおり紙《がみ》は44ページにあります。

うさぎ

文部省唱歌

うさぎ　うさぎ
何《なに》見《み》てはねる
十《じゅう》五《ご》夜《や》お月《つき》さま
見《み》てはねる

＊「お月《つき》見《み》」の「うさぎ」のおり紙《がみ》は38～39ページにあります。

冬《ふゆ》　おしょうがつ

作詞／東くめ　作曲／滝廉太郎

1　もう　いくつ　ねると　おしょうがつ
おしょうがつには　たこ　あげて
こまを　まわして　あそびましょう
はやく　こい　こい　おしょうがつ

2　もう　いくつ　ねると　おしょうがつ
おしょうがつには　まり　ついて
おいばね　ついて　あそびましょう
はやく　こい　こい　おしょうがつ

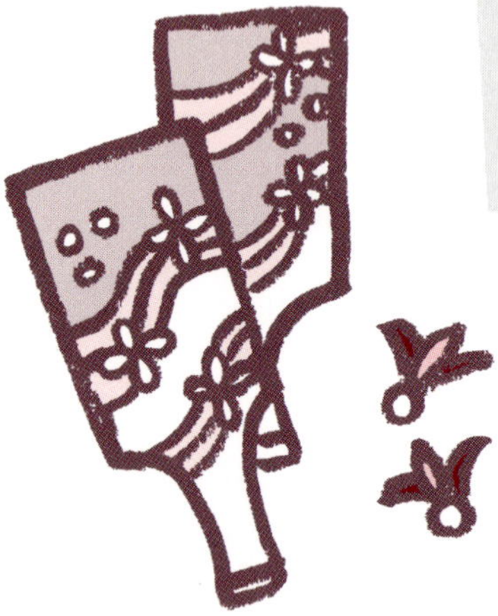

＊「お正月《しょうがつ》」の「こま」や「はごいた」などのおり紙《がみ》は56～61ページにあります。

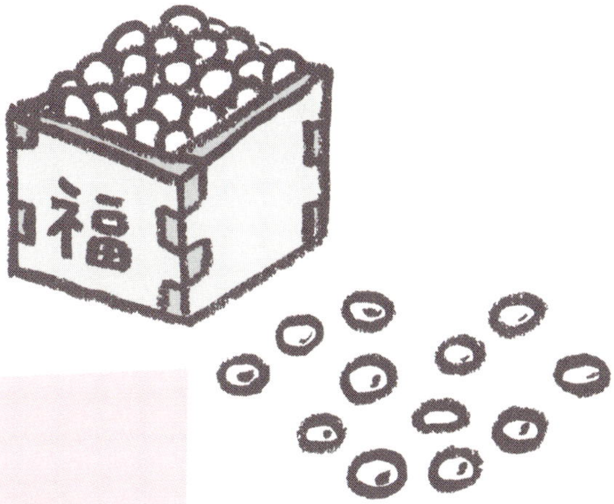

まめまき

えほん唱歌

1　おには外《そと》　ふくは内《うち》
ぱらっ　ぱらっ　ぱらっ　ぱらっ
豆《まめ》の音《おと》
おには　こっそり　にげていく

2　おには外《そと》　ふくは内《うち》
ぱらっ　ぱらっ　ぱらっ　ぱらっ
豆《まめ》の音《おと》
早《はや》く　お入《はい》り　ふくの神《かみ》

＊「まめまき」をする「せつぶん」のおり紙《がみ》は62～64ページにあります。

クイズのこたえ

春《はる》

1…❷ 中国《ちゅうごく》では桃《もも》にはふしぎな力《ちから》があるとされ、桃《もも》の花《はな》で悪《わる》いことをおいはらうぎ式《しき》をしていたからです。

2…❷ 下《した》から緑《みどり》、白《しろ》、ピンクの3色《しょく》のひしがたのおもちをかざります。「緑《みどり》」は春《はる》の芽吹《めぶ》き（しょく物《ぶつ》の芽《め》が出《で》てくること）、「白《しろ》」は雪《ゆき》、「ピンク」は桃《もも》の花《はな》の意味《いみ》があり、春《はる》を表《あらわ》しています。

3…❶ うそ。欧米《おうべい》では、ふつうは9月《がつ》に行《おこな》われる行事《ぎょうじ》です。

4…❷ ほんと。奈良時代《ならじだい》には、中国《ちゅうごく》から伝来《でんらい》したばかりの梅《うめ》がかんしょうされていたそう。桜《さくら》になったのは平安時代《へいあんじだい》です。

5…❶ しょうぶ湯《ゆ》。しょうぶは病気《びょうき》など、悪《わる》いことをおいはらう力《ちから》があるとされていたから。

6…❷ カーネーション。アメリカの女性《じょせい》が教会《きょうかい》で母親《ははおや》の大好《だいす》きだったカーネーションをくばったことからカーネーションをおくるようになったそうです。

夏《なつ》

7…❶ はた織《おり》。おりひめはとても働《はたら》き者《もの》だったといわれています。

8…❷ 梅雨冷《つゆび》え。梅雨《つゆ》の中休《なかやす》みは、梅雨《つゆ》の合間《あいま》にいったん天気《てんき》が回《かい》ふくする期間《きかん》のこと。から梅雨《つゆ》は、梅雨《つゆ》に入《はい》ったのに、雨《あめ》がほとんどふらないことをいいます。

9…❷ ほんと。まいた水《みず》が蒸発《じょうはつ》するときにまわりの熱《ねつ》をうばうため、気温《きおん》を下《さ》げる効果《こうか》があります。暑《あつ》い日《ひ》に家《いえ》の前《まえ》に水《みず》をまくことを「打《う》ち水《みず》」といいます。

10…❷ ほんと。太陽《たいよう》の光《ひかり》は、大《おお》きく分《わ》けて、赤《あか》、だいだい、黄色《きいろ》、みどり、青《あお》、あい、紫《むらさき》の7つの色《いろ》に分《わ》かれています。青《あお》い色《いろ》は海《うみ》に入《はい》っても吸収《きゅうしゅう》されないけれど、ほかの色《いろ》は吸収《きゅうしゅう》されてしまうから、海《うみ》の色《いろ》は青《あお》く見《み》えるのです。

11…❶ うそ。かまきりは、めすのほうがおすより大《おお》きい！　めすがおすを食《た》べてしまうこともあります。

12…❶ ポイ。水《みず》につけるとやぶれやすくなるので、水《みず》につける時間《じかん》はできるだけ短《みじか》くするのがコツですね。

秋《あき》

13…❷ 米《こめ》。秋《あき》にお米《こめ》がたくさんとれるようにと願《ねが》って、お米《こめ》のこなで作《つく》っただんごをそなえます。

14…❷ さといも。さといものほかにもこの時期《じき》にしゅうかくしたものをそなえます。たくさんしゅうかくできたことを神様《かみさま》にかんしゃするからです。

15…❸ すすき。花《はな》のほがゆたかな実《みの》りの秋《あき》を意味《いみ》しているからです。

16…❶ ハロウィンの日《ひ》は、かそうした子《こ》どもたちがおかしをもらいに近所《きんじょ》の家《いえ》を回《まわ》ります。

17…❶ うそ。「常緑樹《じょうりょくじゅ》」といわれる木《き》のほとんどは、秋《あき》になっても葉《は》は緑色《みどりいろ》をしています。

18…❸ しめじ。きのこの中《なか》で香《かお》りがいちばんいいのはまつたけで、味《あじ》がいちばんいいのはしめじ、という意味《いみ》です。

冬《ふゆ》

19…❷ もみの木《き》。もみの木《き》は常緑樹《じょうりょくじゅ》で冬《ふゆ》になっても葉《は》がおちずに元気《げんき》だから「聖《せい》なる木《き》」とされています。

20…❶ 七面鳥《しちめんちょう》。イギリスからアメリカに移住《いじゅう》した人《ひと》が、しゅうかく祭《さい》のときに野生《やせい》の七面鳥《しちめんちょう》をつかまえて食《た》べたことがはじまりです。

21…❷ いろいろな言《い》い伝《つた》えがありますが、お正月様《しょうがつさま》という神様《かみさま》がくるといわれています。12月《がつ》31日《にち》に大掃除《おおそうじ》をするのは、家《いえ》の中《なか》をきれいにして神様《かみさま》を迎《むか》えるためだそうです。

22…❶ 長生《ながい》きできるようにと食《た》べるのは「えび」。将来《しょうらい》のことが見通《みとお》せるようにと食《た》べるのは「れんこん」です。

23…❸ 豆《まめ》まきをするときは「おには外《そと》。ふくは内《うち》」ということが多《おお》いようです。

24…❷ いわし。いわしのにおいとひいらぎのとげは、おにのきらいなものだといわれているからです。

さくいん

あ

か

さ

た

な

は

ま

や

ら

わ

★目玉《めだま》シールのつかいかた★

おったおり紙《がみ》に、この目玉《めだま》シールをはってみましょう。目《め》の形《かたち》によってひょうじょうがかわります。小《ちい》さいシールは、あればピンセットなどをつかうと上手《じょうず》にはることができます。

ブックデザイン／桜庭文一+ciel inc.
イラスト／サイトウマスミ
撮影／武井正雄　構成／佐藤美喜

著者
新宮文明（しんぐう　ふみあき）
1953年、福岡県大牟田市生まれ。デザイン学校を卒業後上京、84年に株式会社シティプラン設立。98年に「折り紙遊び」シリーズを発売。サイト「おりがみくらぶ」も大好評。
http://www.origami-club.com/

日本人のたしなみ
行事・歳時記・自然　きせつのおり紙

2009年3月１日　初版第1刷発行
2013年4月17日　初版第3刷発行

著者　新宮文明
発行人　伊藤礼子
発行所　株式会社小学館
〒101-8001　東京都千代田区一ツ橋2-3-1
電話　編集　03-3230-5442
販売　03-5281-3555
印刷所　凸版印刷株式会社
製本所　株式会社若林製本工場
ＤＴＰ　昭和ブライト株式会社

ISBN 978-4-09-217274-6

編集・青山明子　制作・直居裕子・河合隆史・高橋浩子　宣伝・勝目幸一　販売・栗山紀子